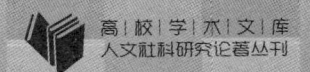

高校学术文库
人文社科研究论著丛刊

英语读写一体化教学模式探究

刘智慧 著

中国书籍出版社
China Book Press

图书在版编目(CIP)数据

英语读写一体化教学模式探究/刘智慧著.—北京：
中国书籍出版社，2018.6
ISBN 978-7-5068-6935-5

Ⅰ.①英…　Ⅱ.①刘…　Ⅲ.①英语－教学模式－教学研究
Ⅳ.①H319.3

中国版本图书馆 CIP 数据核字(2018)第 157424 号

英语读写一体化教学模式探究

刘智慧　著

丛书策划	谭　鹏　武　斌
责任编辑	牛　超
责任印制	孙马飞　马　芝
封面设计	崔　蕾
出版发行	中国书籍出版社
地　　址	北京市丰台区三路居路 97 号(邮编:100073)
电　　话	(010)52257143(总编室)　(010)52257140(发行部)
电子邮箱	chinabp@vip.sina.com
经　　销	全国新华书店
印　　刷	三河市铭浩彩色印装有限公司
开　　本	710 毫米×1000 毫米　1/16
印　　张	16
字　　数	207 千字
版　　次	2018 年 10 月第 1 版　2018 年 10 月第 1 次印刷
书　　号	ISBN 978-7-5068-6935-5
定　　价	67.00 元

版权所有　翻印必究

目　　录

第一章　英语读写教学概述 ………………………………… 1
　　第一节　英语阅读教学 ………………………………… 1
　　第二节　英语写作教学 ………………………………… 13
　　第三节　英语读写教学的融合 ………………………… 32

第二章　英语一体化教学模式概述 …………………………… 35
　　第一节　教学模式简述 ………………………………… 35
　　第二节　一体化教学模式的界定 ……………………… 57
　　第三节　国内关于读写一体化教学模式研究的现状 …… 59
　　第四节　英语一体化教学模式遵循的原则 …………… 62
　　第五节　实施英语一体化教学模式的影响因素 ……… 66

第三章　英语读写一体化教学的理论基础 …………………… 71
　　第一节　语言习得理论 ………………………………… 71
　　第二节　输出假设理论 ………………………………… 87
　　第三节　建构主义理论 ………………………………… 94
　　第四节　支架式教育理论 ……………………………… 101

第四章　英语读写一体化教学模式的实施 …………………… 105
　　第一节　读写一体化的视角 …………………………… 105
　　第二节　读写一体化课堂的设计思路 ………………… 121
　　第三节　读写一体化中凸显的问题 …………………… 126
　　第四节　读写一体化教学设计 ………………………… 128

第五章　英语读写一体化教学模式之自主学习 ………… 132
- 第一节　自主学习简述 ……………………………………… 132
- 第二节　英语自主学习的意义 ……………………………… 139
- 第三节　英语自主学习的指导思想 ………………………… 144
- 第四节　英语自主学习的策略 ……………………………… 150
- 第五节　自主学习在英语读写一体化教学中的应用 ……… 153

第六章　英语读写一体化教学模式之合作学习 ………… 159
- 第一节　合作学习简述 ……………………………………… 159
- 第二节　英语合作学习的意义 ……………………………… 164
- 第三节　英语合作学习的类型 ……………………………… 167
- 第四节　英语合作学习的步骤 ……………………………… 169
- 第五节　合作学习在英语读写一体化教学中的应用 ……… 171

第七章　英语读写一体化教学模式之评价形式 ………… 181
- 第一节　教学评价概述 ……………………………………… 181
- 第二节　英语终结性评价 …………………………………… 195
- 第三节　英语形成性评价 …………………………………… 204

第八章　英语读写一体化教学模式之教师发展 ………… 214
- 第一节　英语教师的主要任务 ……………………………… 214
- 第二节　英语教师的基本素质 ……………………………… 216
- 第三节　英语教师的发展途径 ……………………………… 226

参考文献 …………………………………………………… 239

第一章　英语读写教学概述

阅读和写作是英语教学中的两个重点和难点。在英语教学中，教师往往是分别对阅读和写作技能进行重点训练，而忽视了两者之间的内在联系。从目前阅读教学和写作教学的情况来看，实施读写教学的融合，使阅读教学和写作教学相互促进，有利于语言综合运用能力的提高。

第一节　英语阅读教学

一、英语阅读教学的现状

提起阅读，大多数学生就会感到头疼，阅读一直是学生的英语学习中令人犯难的一部分内容。阅读是英语语言的一项综合性技能。可以毫不夸张地说，阅读教学一直以来都是我国英语教学的重点，在整个英语教学体系中占据着无可替代的位置。然而，英语阅读教学中存在的一些问题也是不容否认的，下面就从教学环境、教师、学生三个方面来分析。

（一）教学环境方面

1. 教材设计不合理

总体来说，我国英语阅读教材中的内在连续性亟待提高。我国的英语阅读教材主要可分为小学英语阅读教材、中学英语阅读教材与大学英语阅读教材等三个部分,词汇学习是小学阶段的重点,语法知识的学习是中学阶段的重点,而阅读技能的掌握是大学阶段的重点。这三个阶段各有自己的侧重点,其重点的制定是与学生的认知规律、学习特点相一致的。然而,每个阶段的首尾部分在与前后阶段的承接、过渡方面都表现出一定的问题,于是造成了大学英语阅读教材与中小学英语阅读教材的脱节现象,不仅为学生的阅读进展带来消极影响,学生的阅读能力提升也遇到不小的障碍。

除了衔接性的问题之外,很多英语阅读教材对内容的选择还应在广度与深度方面进行改进。具体来说,自然科学、人文科学与社会科学等方面的内容在英语阅读教材中的比重明显不足,很多入选篇章的结构性也较差,难以对学生的阅读理解能力有所帮助。

2. 课程设置不合理

教学计划与教学目标的缺失是英语阅读教学在课程设置方面的主要问题。很多学校的英语阅读教学都面临着教学时间、师资力量、教学设施、教学组织等方面的困难,使英语阅读教学缺乏科学目标与合理计划,从而为英语阅读教学效果的改善带来一定的阻碍。此外,提升学生的阅读能力是英语阅读教学的根本目的,但是一些学校将英语阅读教学活动看作一种可有可无的"附属品",这更是对英语阅读教学初衷的背离。

(二)教师方面

1. 教学观念错误

帮助学生提升阅读能力,使他们能在语篇中通过对信息的选择、归纳、推理来把握文章主旨与观点是英语阅读教学的根本目的。但是,很多学校的英语阅读教学水平离这一目标还有很大差距,仍停留在词汇、语法的阶段。由于对语言知识的传授投入了过多精力,很多教师都有意识或无意识地忽略了阅读理解能力的培养,并采取"讲解生词—逐句逐段分析—对答案"的传统教学模式,其直接后果就是英语阅读教学直接从词汇记忆阶段进入了语义获取阶段,学生的英语学习由于缺少中间力量的支撑而难度大增。

2. 教学方法落后

目前,陈旧、单一的传统英语阅读教学方法仍在很大范围内得到使用。这种教学方法以教师为主导,难以满足学生的实际需求,也很难将学生的主体意识激发出来,而完全以应试为导向。因此,既不能有效调动学生的积极性,也无法培养学生的良好阅读习惯,其直接结果就是阅读教学费时、低效。需要特别关注的是,一些偏远地区的教学条件相对落后,英语阅读教学过程中实践不多、研究不足、重视不够的情况较为普遍,尚未形成合理的教学方法,应引起英语教育界的广泛重视。

(三)学生方面

1. 背景知识欠缺

就目前的情况来看,学生在阅读理解过程中表现出来的问题在很大程度上来源于背景知识的欠缺。学生已掌握的各种知识就是背景知识,既包括学生已有的生活经验与经历,也包括与阅读内容相关的文化背景知识与语言知识。背景知识与阅读技能存在着正相关的关系,即背景知识越丰富,就越有利于阅读技能的提升。然而,很多中国学生都对英语国家的文化、地理、历史等状况不甚了解,这就使他们的英语阅读面临着一定的困难。例如:

The eagle always flew on Friday.

这句话的字面含义是"老鹰通常周五都飞来",但如果这样理解可就大错特错了。实际上,美国以老鹰(eagle)作为国家的象征,常常在货币上使用老鹰的图案,因此本句中的 eagle 实际上指的是美国钱币,这句话的本义是"美国人总是在周五发工资"。可见,如果缺乏文化背景知识,那么在阅读过程中遇到一些具有特定文化内涵的词汇时就难以理解其真实含义。

2. 阅读习惯不良

很多学生都存在一些不良的阅读习惯,可集中概括为下面几种类型。

(1)指读,即用手或笔指着文字逐词或逐行阅读。

(2)回读,即阅读过程中不断返回去再阅读一次刚刚读过的内容。

(3)唇读,即用嘴唇读出看到的内容。唇读包括出声音与不出声音两种形式。

(4)时常跳读,因而难以按照文章的表述顺序展开阅读。特别是在换行时,易因定焦不清而看错行。

(5)常常以一个单词或几个单词为阅读单位,而不以句子为阅读单位,从而造成阅读视野狭小。

上述阅读习惯不仅对理解能力的提升与阅读思维的连贯带来影响,也不利于提高阅读速度,教师应及时发现、及时纠正。

3. 阅读心理障碍

阅读心理障碍是很多学生在英语阅读过程中都存在的一个问题。由于我国的英语教学长期以来以语法翻译法为主导,很多教师与学生都将词汇、语法作为重点内容,并错误地将词汇量与语法知识的多少等同于阅读能力。实际上,英语词汇的意义是十分丰富的,常常根据表达需要以及上下文语境的变化来改变词义。如果机械地对词汇意义进行套用,则很难对其含义进行准确把握。

此外,很多学生仍习惯于采取逐句翻译的方法来进行阅读,

第一章 英语读写教学概述

即每读一个词或一个句子,都先将其翻译为汉语,然后再进行理解。这不仅对阅读速度的提高带来不小的阻碍,而且难以从整体上对词汇、句子、段落、篇章进行把握,因而难以梳理文章的逻辑脉络。

(四)文化的制约方面

多种因素作用于英语阅读,所以英语阅读的效果是一个动态的、复杂的变量。英语词汇量、阅读习惯、语法知识、文化知识等都会对英语阅读造成影响。这些因素也是动态变化的,英语学习者可以通过努力学习让这些因素正面发展。在此,重点探索文化对于英语阅读的作用。文化主要是从语言和文化背景两方面作用于英语阅读。

1. 受语言文化的制约

(1)词汇的制约

英语语言意义的最小单位是词汇,它也是语言文化的一个元素。英语和汉语的对等是有限的,有部分英语词汇能够在汉语里找到对应的词语。需要强调的是,需要在特定的语境中去理解词汇的意义。相同的词汇在不同的语境中,具有完全不同的意义。词汇具有三种意义:概念意义、搭配意义和内涵意义。

①概念意义

在词汇的意义中,概念意义处于核心位置。所以,它在语言交际中的地位也非常关键,对概念意义的误解会引起跨文化交际冲突。它对所指对象给予清晰地表示。例如:

drug-store 在汉语中只是代表"药店";在英语文化里指销售药物、零食、饮料等多种商品的商店。

不同的国家具有不同的文化,因此具有不同的亲属关系的理解方式,并且给予不同的定义和标记。亲属称谓的不等值就是对此的最直接的反映。

汉语亲属称谓遵照二分旁系型原则,不仅将直系与旁系进行严格区分,而且在旁系内部也做区分;英语文化里的亲属称谓遵照直系型原则,它只是将直系与旁系进行辨别,在旁系内不再进行区分。例如:

在汉语文化里,母亲的兄弟称为"舅父",母亲姐妹的丈夫称为"姨父",父亲的哥哥称为"伯父",父亲的弟弟称为"叔父"。这些称谓在英语中只需要一个词就可以表示,那就是 uncle,它统指父亲、母亲的兄弟以及父母亲姐妹的丈夫。中国对亲属关系的严格区分还来源于封建文化,因为封建文化中的等级观念要求按照规定来称呼对方。

②搭配意义

词汇和词汇之间发生着组合关系,这种组合关系就导致了搭配意义的产生。搭配意义是一种必须与别的意义结合在一起才能产生的意义。它是一种关联意义。例如,black mail 在英语文化中指的是"勒索行为",而不是"黑色邮件";free love 在英语文化中指"未正式结婚的自由同居",而不是指"自由恋爱"。

再看其他一些例子:

健壮如牛——as strong as a horse

精力充沛——full of beans

雨后春笋——spring up like mushrooms

挥金如土——spend money like water

③内涵意义

内涵意义将客观事物的本质和时代特征揭示出来,是一种超出概念意义的关联意义,表示词汇概念意义的属性。例如,magpie 在英语文化中指代"偷吃粮食的鸟",这个动物显然是一种让人讨厌的东西,所以它是一个贬义词;而它在汉语文化中表示"喜鹊",喜鹊在中国文化中却代表着"吉祥、幸运",在欢度春节时,中国人常用喜鹊报春的画面或对联来创设喜庆的气氛。

英语和汉语的对等不是绝对的。那就意味着:英语和汉语中的词汇并非时刻对等,有的英语词汇无法在汉语里找到相对应的词语,这就是所谓的"文化空缺"现象。这个现象也会给英语阅读

第一章　英语读写教学概述

带来一些障碍。

例如，to play by ear 在英语中是指"见机行事"，而在汉语中是表示"用耳朵玩"；individualism 在西方文化中是指实现个人利益、个人目标和个人潜力，但是在汉语中被解读为"个人主义"；汉语中的"关系"可以指某一具体的人，如"他有海外关系"，英语中的 relation 表示抽象概念"文化空缺"现象是英语阅读应该关注的对象，因为它很容易导致理解上的偏差。

（2）句子的制约

词汇是句子的基本结构成分，词汇携带着文化基因，所以句子也有着文化的影子。汉语句子和英语句子在范畴、结构、词序等方面均具有较大的差异。汉语语言属于汉藏语系，英语语言归属为印欧语系的范畴；汉语语言重视意合，英语语言重视形合。汉语的句子结构比较灵活，按照主题来排列。汉语句子没有形式和时态的变化，以及明显的词类标记，所以对语义的判断需要依靠语境。英语句子中的主语和谓语是主轴线，提挈全句，而宾语、补语、定语及状语则是句子的枝干，关联词连接着主轴线和枝干。动词的形式和时态直接反映着句子主要的结构信息、功能信息和语义信息。在进行英汉翻译时，需要适时地调整句子的语序。例如：

May I propose a toast to the health of Mr. President and his wife, to the development and trade, to the friendship between our two peoples.

请允许我提议，为总统先生和夫人的健康，为我们的经济贸易的发展，为我们两国人民的友谊干杯！

（3）语篇的制约

篇章是由句子构成的，所以英语篇章和汉语篇章也存在着文化差异。篇章的结构取决于语言的逻辑建构方式，而后者受到整个民族的思维模式的影响，思维模式是在长期浸润在特定的文化环境中形成的。中国人受螺旋式思维方式的影响，在口语或书面语中，先交代背景，再陈述主题，最后再给出结论；西方人受直线式思维方式的影响,在口语或书面语中,直奔主题,主题句和主题段都在开头,用衔接手段将句子和段落联系起来,并且通过事实和数据来证明自己的观点。篇章的主旨受到文化的制约,因为作者的态度受到文化的制约。

2. 受文化背景的制约

文化背景知识可以包括阅读中的显性知识,还可以包括阅读中的隐性知识,也可以包括阅读中的语境知识。缺乏必要的文化背景知识,对阅读理解有着极大的障碍,学生就很难理解阅读材料,甚至可能产生巨大的误解。以下从社会文化、历史文化、地理文化说明文化背景如何作用于英语阅读。

(1)社会文化的制约

社会文化是由群众创造的、具有民族特征的、对社会群体发挥作用的文化现象。社会现实中的一切文化现象都有其历史根源,这些文化最终会对英语阅读理解有较大影响。对社会文化的无知,便无法进行深层次的英语阅读。与社会文化知识相关的词汇容易使读者产生困惑。例如:

The United States has set up a loneliness industry.

美国政府建立了一种为孤寡老人服务的社会服务项目。

由于美国社会中多数家庭中的子女都不与父母同住,因而出现了大量无人照顾的孤独老人,这就成为美国一种普遍的社会问题。为了解决这一问题,美国政府创办了 loneliness industry。

所以,要理解上述例子,首先要了解相关的文化背景知识。该例中的 loneliness industry 是指美国福利事业的一部分。

(2)历史文化的制约

历史文化是指某个国家在演变发展过程中形成的一种体现民族特色的文化。历史文化的底蕴深厚,是长期积淀的结晶。在阅读英语材料时,学生也经常会因为不了解相关的历史文化而产生阅读障碍。例如:

At a science museum in Ontario Canada, you can feel your hair stand on end as harmless electricity passes through your body.

1825年,英国一个叫Robert的偷马贼被判处死刑,上绞刑架时,犯人由于极度恐惧而毛发竖立。因此,one's hair stand on end喻指"恐惧"。

your hair stand on end是一个成语典故,来自一个杀人犯的表情。如果学生了解了your hair stand on end,就很容易理解该句的意义。

I've had the sword of Damocles hanging over me for months, and now I can finally relax.

古代希腊有一个历史事件:公元前4世纪在西西里岛上的统治者狄奥尼修斯一世有个亲信叫达摩克里斯,他十分羡慕帝王的豪华生活。狄奥尼修斯为了教训这个人,在一次宴会上,要他坐在国王的宝座上,当他猛然抬头,只见头顶上有一把用头发悬着的宝剑,随时都有刺到头顶的危险。后来,就用sword of Damocles这一成语来比喻临头的危险或情况的危急。

不了解the sword of Damocles,就不能理解上例的意义。了解了这一历史背景,本句的意思就十分明了:我已经提心吊胆了好几个月,现在终于可以放松了。

(3)地理文化的制约

地理文化是在一定的自然条件、地理环境中所形成的文化。地理文化是区域性的,不同的国家当然具有不同的地理文化,尤其是地理差距较大的国家所形成的地理文化差别就非常明显。英语阅读理解中经常蕴含地理文化的因素。如果读者事先并不了解阅读文本中蕴含的地理文化,那么在阅读过程中将会出现无法理解句子、篇章的现象。例如:

Shall I compare thee to a Summer's day? Thou art more lovely and temperate.

(William Shakespeare: *Sonnet 18*)

在中国的地理文化中,春夏秋冬四季分明,夏季通常是气温较高的季节,人们会感到身体上的不舒适感,心情会变得非常烦闷。

在英国的地理文化中,英国由于处于高纬度的地理环境,夏季平均温度在 20 度左右,并且夏日早上太阳 4:00 升起,晚上 10 点左右才天黑。因此,英国的夏季是一个非常舒适的季节,人和万物都生存在一片愉悦的环境中。

读者若能掌握这些地理文化知识,就可以很容易地理解该诗句的内涵。这一诗句来自莎士比亚十四行诗的第 18 首,诗中把恋人比作 a Summer's day(夏日),如果不了解英国地理环境的读者就容易感到困惑。

二、植入英语阅读教学的理论

(一)思维导图理论

1.思维导图的概念

20 世纪 60 年代,东尼·博赞(Tony Buzan)首次提出"思维导图"的概念。思维导图是发散性思维的外部体现,它总是从一个中心点开始从中央向周围散射,由颜色、图形、关键词和曲线等因素有机组成,每个词语或者图像都能够成为一个子中心,然后通过联想不断向周围发散,最后形成一个由无穷无尽的分支链组成的整体。思维导图是一种非常有用的图形技术,是打开大脑潜力的万能钥匙。思维导图广泛地应用于学习和工作的多个领域。

思维导图具有以下三个特点。

(1)中央图像是聚焦的地方,用于抓取主要内容。

(2)作为分支的主题从中央图像向四周放射。

(3)每条分支是由图像或者相关联想产生的关键词通过曲线连接而成,那些次要信息也可被当作次级分支附在更高一层的分支上。

第一章　英语读写教学概述

2.思维导图的制作

制作思维导图的注意事项如下。

第一,起笔于横向白纸的中间。

第二,用一幅图像来表达中心思想,聚焦于精确的、核心的问题。

第三,将中央图像与主要分支相连,再将相邻级别的分支分别相连。

第四,每条主要分支要使用各类不同的颜色,尽量增强颜色的鲜明度,因为色彩的差异能够活跃思维、刺激脑细胞。

第五,分支线条的形状可以多样化,但要使用弯曲的线条,因为它们更有趣味。

第六,每条分支包含一个关键词,以此促进自由的联想。

3.思维导图的理论来源

(1)知识可视化理论

知识可视化是指利用一种视觉表征的形式来构建、表达和传输繁杂知识的图形化手段。它通过图形表达抽象的事实或信息,这种信息表达方式更加直观,能够有效地促进知识在两人或者两人以上的群体之间进行传达与创新,从而帮助他们重新建构并应用知识。这种方式降低了语言表征的难度,使知识更加清晰,减轻了学习者的学习难度,也有利于思维的发散。

(2)脑科学理论

人的左右脑之间分工明确。左脑负责词汇、顺序、排列、书写和五感等,主要从事逻辑思考,用语言来处理信息;右脑负责节奏、想象、色彩和空间等,主要从事形象思考,用图像来处理信息。右脑的储存量是左脑的百万倍,但是现实生活中左右脑发展不平衡,大部分人极少使用右脑。而绘制思维导图的过程就是将左脑中的文字信息通过右脑用图像的形式表现出来,因此思维导图可以开发右脑,促进左右脑协调发展。

4.思维导图对英语阅读教学的价值

对于英语阅读而言,思维导图有助于阅读者理顺知识脉络,理解文章的架构。具体而言,思维导图对英语阅读教学具有以下两种价值。

(1)促进组织能力的提升

学习者在绘制思维导图时,实际上是在整理各种知识。通过绘制思维导图,学习者可以了解文章的知识架构。在绘制思维导图时,学习者可以加入自己的想法,从而完善思维导图。

(2)有助于记忆和理解

在进行阅读理解时,只有从整体上把握文章,才能透彻理解文章的中心思想。而思维导图正是用色彩的变化、图形的多样性等来凸显关键信息,帮助学习者抓住重点内容,也就有助于学习者的记忆和理解。

(二)图式理论

图式理论是起源于 20 世纪二三十年代左右的心理学理论,起初只是用来解释记忆为何不能再现过去。然后认知心理学吸收了图示理论。图式是存在于人的记忆中的、抽象的知识体系,起着连接施事者、受事者以及物体和属性的作用。最后围绕某一主题形成一个知识单元。图式理论认为,人们是在图式的基础之上认识新事物。人们按照已有图式对外部信息进行预测、解释和吸收,进而构建新图式,并通过同化和顺应来构建认知结构。

近年来,图式理论广泛地应用于英语阅读教学中。该理论将语言材料定位为没有意义的,只是指导着读者根据已有知识建构新图式。将图式理论应用到英语阅读教学中,是研究图式理论如何对学生的语言图式进行丰富,如何对学生的内容图式进行激活,如何对学生的形式图式进行扩充和改进,如何帮助学生迅速而准确地获取或处理信息。

图式理论指导下的英语阅读教学将阅读视为一个不断构建

新图式的认知过程,其分为三个基本步骤。

第一,输入文字信息。

第二,从已有信息中搜索可以解释输入信息的图式。

第三,读者通过定位与文字信息相关的图式来理解阅读材料。

这种英语阅读教学模式关乎学习者如何从语言图式、内容图式和形式图式三方面来理解语篇。

英语语言图式对各种语言信息的包容是客观存在的事实。话语的意义是阅读者必须也是应该了解的内容,这要求阅读者首先在已有的语言知识的基础上,来对句子本身的意义进行理解,然后还要利用语境来思辨或推理句子的意义,从而对话语的真正意图达到准确的理解。

内容图式既包含语言的内容,又包含相关的背景知识。阅读者理解篇章内容,可以通过一定的背景知识来加以推动。建立内容图式是学生阅读能力培养的有效手段。教师应利用有效手段帮助学生获得相关的文化知识,使学生激活已有图式,这样学生才有可能建立内容图式。

形式图式涵盖文体、行文风格和修辞等诸多要素。学习者越是深入地理解了文本的文体,就越容易激活已有的图式,进而帮助自己理解新文本的含义。所以,形式图式能够促进阅读者阅读能力的提高。

第二节 英语写作教学

一、英语写作教学的现状

写作是一种书面交流方式。英语中的写作作为一项综合性语言技能,不仅以语言知识为基础,还需要其他技能的配合与支持。所以,写作教学一直是我国英语教学中的难点。我国英语写作教学的现状表现在以下一些方面。

（一）教学目标缺乏理性

目标是行为的指挥棒。任何一项活动都不能缺少目标。英语写作教学目标包括总体目标和阶段性目标，教师对这一点要有清晰的认识。其中，总体目标的制定依据是英语教学大纲所规定要达到的要求，阶段性目标的制定依据是总体目标、写作课程的系统以及学生的身心发展规律。总体目标指导着阶段性目标，阶段性目标服务于总体目标。有些教师对总体目标没有准确的理解，更不清楚怎样按照总体目标形成阶段性目标。按照维果茨基的最近发展理论，写作教学目标和学生当前的写作水平之间需要有适当的距离，这个距离是学生依靠他人的指导可以完成的。如果距离过大，学生就无法达到预定的写作教学目标；相反，如果距离过小，学生实现目标的动机就不强。写作教学目标是否科学，关系到学生写作能力的发展。

（二）写作的过程性特征不突出

目前，英语教师在教授写作时普遍不重视对学生写作过程的指导。通常的做法是：教师提供一篇优质的写作范文，然后让学生照着这个模板进行写作。这种做法就是典型的重模仿、轻创作的方法。作为一名英语写作入门者，一定程度的模仿是一种可取的方法，模仿是写作的必经之路。只有先模仿，学生才有写作的基础。同时，学生也要牢记的是，真正理想的写作是脱离模仿的独立创作。写作必须表达自己的心声，必须呈现出自己的作品，否则就不是写作。模仿如果不注意添加自己的思想，就变成了抄袭。模仿自身的弱势也是存在的，有的学生缺乏文章体裁的相关知识，不知道文章是什么体裁，就将一种范文结构应用于所有体裁的文章。另外，一些保持语篇衔接连贯的过渡词也有自身适用的场合，学生如果在作文中使用了不适当的过渡词，作文读起来就会很不自然。

第一章　英语读写教学概述

(三)作文评价水平欠缺

学会游泳的最好方法就是自己下水。同样,学会写作的最好方法就是自己写。教师也深深同意这一点,所以会在写作教学中布置当堂完成的作文,然后进行课后评价。在写作教学的最后,还有一个作文评价的步骤,这个环节很重要,然而非常容易被忽视。一些教师在评价学生的作文时,倾向于修改作文中的词汇、搭配等语法知识,而不管作文的主题是否跑偏,不管作文有没有一个完整的结构,也不管作文有没有具备流畅的行文逻辑。这似乎在暗示学生哪些方面的重要性比较大,其实这是一种误导。如此下来,就会给学生一种错误的暗示,好像作文中的语法比较重要,因此学生在写作过程中就会特别在意语法运用的准确性,而不管其他更重要的方面。另外,有的教师在写批语的技巧方面还有很大的进步空间:不善于表扬学生的发光点,只盯着学生所犯的错误,这不利于提高学生写作的积极性。

(四)信息技术的影响

1. 优质学习资源的利用

任何纸质教材或讲义只能提供极有限的范文。而在数字化时代,通过建设和维护数字化平台,优质学习资源就能有效地为每个师生所共享,但前提是要建设英语写作语料库。英语写作语料库是教师实施教学实验的重要资源。教师要想成功完成教学实验,必须建立适宜的语料库。简言之,英语写作语料库就是作文的集合,只是作文的收集是建立在随机抽样的基础上的,具有丰富的体裁,有代表性。有了英语写作语料库,教师就可以参照它进行评价,学生也可以参照它进行写作。目前国内的写作语料库建设还刚刚开始,还有很长一段路要走。所以,成功的语料库数量很少,而且由于学生英语水平的差异性,已建立的语料库还有待于进一步调整、补充。相对来讲,清华大学杨永林教授主编的《体验英语写作》数字语料库较为完善。该语料库教学资源丰富,包含3 000篇清华学子习作素材,涉及18种常用语类,以便学生达到"以读促写"的效果。依据系统功能语言学的观点,阅读和写作是同一交际过程的两个基本程序,阅读是输入语言,而写作则是输出语言。语言输出是建立在语言输入的基础之上的,只有语言输入达到一定程度,语言输出才可能实现。英语作文语料库中的每篇作文都有教师的批改文字、修改建议及评语反馈,便于学生进行"镜像学习"与"自我评估"。

2. 英语写作课程网站的建设

英语写作课程网站构成了一个多层级的网络系统。英语写作课程网站所包含的课程导学、在线教学、互动教学、习作园地、课外练笔、成果展示等大版块中又分为若干子版块,如教学课件、优秀习作、课外学习网站、写作考题、线上交流等。学生要想建立自己的语料库,其实也非常简单,只需要将自己的习作初稿、二稿、经小组评议后的修改稿等上传至课程网站。这就使得分享同伴习作成为可能,实现了区域性学习资源的共享。英语写作课程网站会详细地记录学生的习作的变化过程,这一变化过程其实也是学生的"能力发展轨迹",学生也可以据此展开跟踪式学习与研究。此外,学生之间及师生之间可以随时随地在班级主页、热点讨论等版块进行交流。

总而言之,利用计算机写作具有非常明显的优势。利用计算机写作,不仅对写作过程本身有一些明显的益处,而且对学生的写作能力的发展也有一定的好处。在写作过程方面的好处:一是编辑、查找方便;二是易于修改,无须重复抄写;三是拼写和语法检查功能带来了文字处理方式的高效性。在学生的写作能力方面的好处,主要在于有助于培养学生通过网络搜寻、获取和传递信息的能力,从而有效提高阅读能力和写作水平。

第一章 英语读写教学概述

3.教学环境的改变

(1)课堂环境的改变

在数字化时代的大背景下,网络教室成为英语写作课堂环境的主流。在网络教室里,每位学生都可以拥有属于自己的计算机,这样就能充分利用网络教室中的一些数字化设备。通过这些设备,学生可以进行多媒体广播学习、监控转播、文件分发等写作课堂活动。由此可见,整个英语写作过程都实现了网络化,英语写作课堂效率有了大幅度的提升。

(2)课外学习环境

在数字化时代下,学生可以在多媒体网络自主学习中心进行训练,这种轻松、开放的英语写作课外学习环境,使得学生参与写作的自主性得到了加强,大大提高了学生的英语写作兴趣,进而使其维持英语写作的良好习惯。此外,课外作业在完成后不能立即提交,而是要经过小组评议后再提交,这对于学生合作能力的提高大有裨益。有研究者指出,与其他同学合作写作,不仅有利于提高思维的活跃度,激发讨论、解决分歧,而且有利于学生在文章的结构安排、语言运用等层面的相互借鉴,从而提升学习效果。

(五)文化的冲击

语言表达就是思维的象征,写作作为一种书面语言,当然体现了思维方式。文化的差异导致了思维方式的差异。英语文化和汉语文化在思维方式上存在明显的不同之处,学生在进行英语写作时不可以按照中文写作的思路来进行。文化在以下几方面作用于英语写作。

1.主观与客观

一般来讲,中国人看待客观事物的方式是理性的、直接的,用具体形象的手段来表达抽象的事物。中国人有着深厚的人本主义思想,把主体当成世界的核心,尊重人的主体意识。这种思维方式不仅体现在汉字的构成上,而且表现在写作中,就是汉语常用主动句、人称句,以有生命的词开头并以口号式、主观性的语言结尾。

西方人遵循从具体到一般的抽象思维方式,采用理性的方法去整理感性材料。这种思维方式体现在拼音文字或以音写义上,还体现在英语写作中。所以,英语写作习惯借助数据和事实证明自己的观点,英语写作常用被动句,多以无生命的词语开头,并且句子有着严密的结构和层次。

2. 保守与开拓

中华文化有着几千年的悠久历史,底蕴深厚。中庸和保守是典型的中国传统文化,所以中国人在进行汉语写作时常常借用古人的言论来证明自己的看法,托古求认同。在中国传统文化里,保守就是稳定和安全的,中国人因为历史轨迹的艰难曲折而对稳定和平有着特殊的向往,避免被贴上"标新立异"的标签。即使中国人获得了一个新观点,也会从历史中寻求精神依托。这种思维方式在写作中表现为中国人倾向于模仿写作套路并且引经据典。

西方文化崇尚民主、自由、平等、创新,因此他们获得了批判性、求异性的思维,并且敢于对前辈的观点进行质疑和创新。西方人害怕的就是千篇一律,欢迎的就是个性和独特性。因此,在西方,逻辑推理比权威观点更有价值。这就导致西方人在写作中喜欢通过大量的事实和资料来使对方信服自己的论点,很少使用老套的表达方式,害怕相同、重复。

3. 归纳型和分析型

"天人合一"是中国传统文化中的重要内容,中国人深深地扎根于传统文化中,所以形成了整体性思维。整体性思维表现在汉语写作中,就产生了汉语的归纳型句式,这种句式融合内部的各种语义关系然后建立一个意义整体。汉语句子注重"意合",也就是追求意义的完整。例如,在"吃就吃,不吃就走。"这句话中,没有使用关联词,却同样表示了假设和条件关系。另外,汉语句子遵循逻辑和时间的轨迹,将重点内容置于句子的末尾。汉语句子一般是先表述客观内容,然后自然地陈述主观内容,也就是循序渐进地交代事情的脉络后提出结论。

西方传统哲学将世界与主体对立起来,西方人的思维深深地受到传统哲学的影响,因此在判断、推理和应用概念方面比较擅长,最终就形成了分析型思维方式。科学分析离不开形式逻辑,两者不能孤立开来,这就导致了分析型英语句式的产生。英语句子重视"形和",也就是英语句子讲求完备的形式,这就不得不借用各种有形的连接手段去保持语法的完整性。所以,英语中存在大量的表示衔接关系的连接词,并且有着极高的出现率。英语先描述主观内容,再描述与主观内容紧密相连的客观内容;先提出论点,再进行详细的陈述,最后再描述其他内容。

二、植入英语写作教学的理论

(一)数字化体验教学理论

如何建设和利用数字化资源平台,探索并实施体验英语写作教学模式已经成为大学英语教学改革的一个重点。数字化体验式的英语写作教学应该具有以下创新元素。

1. 多模态

从语言信息移动的方向来看,听和读是从外部输入语言,负责获取信息;说和写是从内部向外输出语言,负责传递信息。但是,语言输入和语言输出又是不可分开的,两者相辅相成。教师只有注重注意听、说、读、写、译五项能力的协调发展,才能提高学生的综合技能。

就目前的英语写作教学而言,其突出问题表现在以下几个方面:各种技能的培养相互对立;教学模式滞后;信息输入的形式和内容单调；应试写作占主导，写作缺乏过程性，没有形成系统的写作能力培养体系。在"数字化生存"的今天，传统的写作教学已经不符合学生实际的生活环境，因此全新的多模态表达形式、交流模式、信息传播模式受到广泛的欢迎。

在写作教学中利用数字化技术为学生提供多模态信息输入，从拓宽思维入手，寻找"如何想"和"如何写"这两大英语写作问题的解决路径。数字化体验式英语写作教学充分集合了文字、图像、音频、视频等教学手段，将听、说、读、写、译等技能的培养建立在数字化技术的基础之上，达到以"视听"导写、以"说"带写、以"读"促写、以"译"助写，促进听、读、说、写、译能力整体性、层次性、协调性地发展。

（1）以"视听"导写

传统英语写作教学没有很好地解决"如何想"这一问题，表现为学生在听说课的讨论环节海阔天空，在写作课上行为拘谨、思路阻滞。这是因为传统写作教学对写作技能的培养太过关注，为写而写，而没有给予情境、相关信息的输入、学生思维的训练应有的重视，这样就导致学生的兴趣大大降低。数字化英语写作教学可以弥补传统英语写作教学的这种缺陷，因为数字化资源平台为以"视听"导写提供了良好的技术条件与教学环境，而视听正是培养学生英语写作兴趣的有效手段。

第一，数字化系统包含有关单词记忆、课件、语法考查、范文等质量上乘的丰富的教学资源。

第二，因为数字化资源系统是一个开放的系统，用户可以自由地上传文件，文件的类型、格式一般没有什么限制。通常，用户上传的这些文件比较贴近时代的脉搏，学生可以快速地从中搜索到与主题高度相关的信息，从而有利于创设真实的交际情境，这就有效提高了写作任务、写作过程的现实性、针对性，学生的英语学习兴趣也会有不同程度的提升。

（2）以"说"带写

"说"这种语言活动几乎不会出现在传统的写作教学实践中，

第一章　英语读写教学概述

取而代之的是课上或课下独自完成教师布置的写作题目,师生之间以及生生之间几乎没有关于写作主题的交流。这就严重忽视了一点:由说到写是让学生学会写作的关键。

数字化英语写作教学实施的充分条件,是学生可以用属于自己的一台连接网络的计算机,下载丰富的教学资源,并与同伴讨论。基于视听,学生以各种形式练习"说",从而将在视听中输入的表达方法进行输出,在说中开启思维。在从视听到说、听、议再到写的过程中,学生的作文就越来越充实了。

(3)以"读"促写

我国著名教育家叶圣陶先生早就意识到了读与写之间的连带关系,他认为读是信息由外到内的过程,写是信息由内到外的过程。这个理念正好是英语写作教学所需要的理念,学生英语写作水平的提高主要是通过以读促写、读写结合两条渠道。但是,传统英语写作教学无法达到这一要求,主要原因在于传统课堂限制了学生获得的有效信息输入,这包括以下两种表现。

第一,教师在有限的时间和空间只能提供有限的阅读材料,学生由于学习的课程较多而背负着沉重的学习任务,因此也没有充足的时间自主查询材料。

第二,学生在写作教学中没有获得充分的有关作文批改方面的信息。

在数字化英语写作教学中,学生可以通过以下三种途径实现信息输入。

第一,教师对多模态"真实文本"进行精心挑选,主要是筛选出那些与主题相关的文本。

第二,在数字化资源系统内,存在很多教师亲笔批注的文章,这就是"朱笔圈点"文章。

第三,学生与同伴互相接收的一切可理解的输入,尤其是在文本间通过评改过程中的"意义协商"所产生的具有"i+1"性质的语言输入。因此,数字化资源平台为写作提供了充分的有效信息输入,促进写作输出。

(4)以"译"助写

翻译是语码转换的过程,同时还是思维转换的过程。写作能力与翻译能力有着密切关系。写作教师常常头疼于学生的"中式英语",这是由于学生没有掌握地道的英语表达方式。数字化资源平台为学生提供翻译练习,可以锻炼学生在中英思维转换方面的能力。另外,数字化资源平台列出了多种多样的写作话题,学生可以通过某个话题的写作比较英语和汉语在选词、句法和语篇等层面的异同点,从而对中西方思维差异更加熟知,对英语的习惯表达法有更加全面的掌握。

2.参与式反馈

学生的写作只有得到了教师的充分反馈,才会具有明确的前进方向,学生的写作能力才会有大幅度的提升。当然,这有一个大的前提,就是学生要充分利用好教师的反馈,否则学生写作能力的发展同样只是一句空话而已。数字化写作教学资源平台具备自动评语功能,并且采用了"三级评议"模式,可以提供充分的教师反馈,有效地降低了教师的工作强度,从而使教师可以抽出时间进行一些教育科学研究。"三级评议"模式从三个层级为学生提供充分的反馈信息,即局部修改、文中批注、文末评议。"三级评议"模式的任务主要有以下几种。

(1)语法错误。

(2)遣词造句。

(3)主题交流、意义表达。

(4)个性化问题分析。

(5)聚焦主要问题、提供修改信息。

对教师而言,教师只需轻点鼠标即可完成个性化评议,省时省力。对学生而言,修改反馈信息的"层级化"特点,使得学生理解反馈信息的注意力能够得到合理的分配,从而降低学生的认知负担,使修改过程有序进行。

同时,数字化写作教学资源平台还具备资源的共享与下载功能,教师在教学中采用"互动参与式反馈"模式,就能避免反馈信息的无效性问题,也使得学生修改作文的能力有了一定的提高。反馈的形式有多种,但是普遍认为即时反馈是最佳形式,而这种最佳的反馈形式也正是数字化体验式写作教学资源平台能够提供的反馈。进而对学生写作参与性的提高非常有帮助。在这样一种平台上,学生完成作品后可以随时提交;可以阅读同伴的习作,进而增强了自身的读者意识;可以获得同伴的即时反馈,以促进写作过程的前进。在这种情形下,写作过程是与同伴即时互动的"参与式"过程。

同伴互评具有教师反馈无法比拟的长处。教师反馈具有一定的"权威"性,很少质疑,在这个过程中教师是作为居高临下的评判者存在的。在同伴互评的过程中,学生可以发挥更大的自主性,和同伴进行深入而全面的互动,这有助于促进彼此批判性思维的发展和写作评价能力的提高。在这个过程中,教师也需要参与到写作活动中来,并且教师还有其他职责,如对学生讨论、同伴互评、即时反馈、习作修改等活动进行必要的指导。

3. 视觉化评价

常见的作文评改方式有教师评改和同伴评改。但是,数字化体验式写作教学资源平台具备的文本分析功能给予学生客观、视觉化的评价信息。

(1)视觉化评价的具体内容

分析功能可以统计以下一些项目:

①文章长度。

②平均句长。

③平均词长。

④单词总数。

⑤是句子总数。

⑥是段落总数。

⑦是单词类型。

⑧是词重复率。

学生可以获得单词使用频率的直观感觉,进而基于文体风格判断该词的使用是否得体。例如,通过点击"单词列表"中的单词,学生可以看到标红色的 our 在文本中的分布,获得一种视觉化的评价体验。学生还可以通过主题关键词的分布判断作文的中心思想是否突出,了解所使用单词的类别。

(2)视觉化评价的优势

视觉化评价使学生可以轻松获得有关主题、文章结构、词汇使用方面的判断,这便增添了英语写作的吸引力。例如,在议论文写作中当学生过度使用第一人称时,文章论点的客观性就会大打折扣,在传统写作教学中即使教师指出这一问题,学生也无法获得明确的认识;但是在数字化体验式写作资源平台上,学生通过轻点鼠标就可以立即获得第一人称使用频率的视觉化统计结果,这对学生写作兴趣的提升无疑是非常关键的。

4.镜像化学习

英语写作语料库提供的丰富的原生态习作像一面镜子,由于英语学习语境、英语学习经历、写作任务相似,学生通过阅读这面带有教授"朱笔圈点"的原生态习作的镜子,可以反观自己的习作,进而取人之长、补己之短,这就是数字化体验式写作资源平台为学生提供的镜像化学习机会。

除此之外,课上即时反馈、同伴互评、习作共赏等环节,也为学生提供了同伴互为镜像、取长补短的学习环境。数字化体验式写作资源平台为学生创造的以"镜"为鉴的学习条件,促进了学生的共同进步。

(二)思辨式教学理论

1.什么是思辨

亚里士多德曾称:沉思是一种最高等的实现活动,因此思辨生活是最高幸福。实践理性的对象是关于人的知识。而理论理性是人类独有的最神圣的要素,理论理性是对永恒真理的思考,思考的对象是具有普遍必然性的事物。和实践理性得到的知识相比,理论理性所得的知识更加高级。思辨可以为人提供最大的快乐,是最连续的活动。另外,就思辨本身而言,它还是自足的。虽然一个思辨者是一个普普通通的人,和具备其他德性的人一样依赖于生活必需品,需要外在的利益,如慷慨的人做慷慨的事需要财产,但是思辨者需要的外在东西更少。单就思辨活动而言,它不需要外在的东西。

2.什么是思辨能力

思辨能力研究从20世纪70年代开始在西方国家兴起,1987年,美国和加拿大的45位有名望的哲学家、科学家与教育专家通过2年的努力探索完成了"特尔斐"项目(The Delphi Project)(APA,1990),构建了思辨能力的双维结构模型。同期,美国思辨中心(Foundation for Critical Thinking)主任Richard Paul从教学需求出发构建了思辨能力的三元结构模型(Paul,1995)。此外,我国的林崇德教授也构建了思维能力的三棱结构模型,在我国取得了很大的反响。

(1)"特尔斐"项目的研究成果

"特尔斐"项目组借助质化法,在六轮的充分讨论后将共同的观点进行总结,最终确定了思辨能力的两个维度,即认知能力与情感特质。

①认知维度

思辨能力的认知维度可分解为以下六项能力。

第一,阐释。

第二,分析。

第三,评价。

第四,推理。

第五,解释。

第六,自我调节。

在这六项能力中,分析、评价与推理为核心技能。

②情感维度

思辨能力的情感维度分为以下几种。

第一,好奇。

第二,自信。

第三,开朗。

第四,灵活。

第五,公正。

第六,诚实。

第七,谨慎。

第八,好学。

第九,善解人意。

(2)Paul 的研究成果

Paul 和 Elder(2006)提出了三元结构模型,即思维元素、标准和智力特征。

①思维元素

该模型的中心是思维的八大元素,它们共同形成了思维的循环链,具体如下。

第一,目的。

第二,问题。

第三,信息。

第四,基本概念。

第五,假设。

第六,特定视角。

第七,推理。

第八,启示。

②标准

每个思维元素都应该运用十条标准去衡量或者检验。

第一,清晰性。

第一章　英语读写教学概述

第二,精确性。

第三,准确性。

第四,重要性。

第五,相关性。

第六,完整性。

第七,逻辑性。

第八,理据性。

第九,广度。

第十,深度。

③智力特征

人的智力特征必须随着思维能力的发展而发展,否则高效的思维能力可能走向狭隘,变成利己主义。智力特征主要涉及以下方面。

第一,谦恭。

第二,坚持不懈。

第三,独立。

第四,自信。

第五,正直。

第六,富有同情心。

第七,勇敢。

第八,公正无私。

(3)林崇德的研究成果

林崇德(2006)提出了三棱结构模型,其中包括以下六种因素。

第一,思维目的。

第二,思维过程。

第三,思维材料。

第四,思维自我监控。

第五,思维品质。

第六,思维中的认知与非认知因素。

该模型的一个优点是将自我调节置于顶部，具有统管全局的能力。人的自我调节能力计划、检验、调节认知能力与非认知能力。

3. 思辨式教学对英语写作教学的启发

(1) 发展英语写作元认知知识

英语写作教学中普遍存在这样的写作思维难题：当写作话题与自己的实际生活联系较为紧密时，写作的思维就比较活跃，写作的愿望也比较强烈，并在写作中真实自然地表达个人的思想感情；当面对具有文体规范要求的写作任务时，学生的写作思维就容易产生一道道障碍，从而感觉无从着手。为了缓解这一问题，可以转向发展学生的英语写作元认知知识，这或许有一些帮助。

学生要想切实提高写作思维，就要学会从主体、任务和策略三个方面对写作困难进行解剖，使得对写作任务的理解和更高层次的写作元认知知识相互结合。从任务知识方面分析写作思维屏障，可以训练学生分解写作任务的目标，从而一步步实现总体写作目标；在策略知识方面分析写作思维屏障，可以使得知识直叙和知识转述两种作文方式融入具体的写作任务之中。如果学生能够通过写作策略较好地实现阶段性写作目标，会提高写作自我效能，同时对写作动机产生积极的影响。

作文形式分为知识直叙和知识转述两种。知识直叙的写作形式遵循作者思维的自然习惯，犹如作者在自然地表达思想情感，因此可以作为写前内容构思策略加以训练。学生将有关写作话题的隐含知识转化为有语言外表的显性知识，以实现作者思想感情的自然流露，所生成的文本可以视为写作任务的阶段目标。知识转述的作文形式具有自身的文本规范，如果以这样的写作形式为切入点进入写作过程，会从一开始制约学生的写作行为，从而导致思维屏障的产生。

教师不仅要培养学生学会运用策略知识，还应发展学生英语写作任务知识，如根据任务制约因素分解写作任务目标。学生通

第一章　英语读写教学概述

过将写作目标进行分解,最终完成写作任务。同时,教师还要鼓励学生对作文过程加以反思与总结,能够敏锐地察觉自己每一个小小的进步,以逐步树立写作自信和动机。类似学生写作元认知主体知识、任务知识和策略知识的发展均可以加强写作思维能力的训练。

(2)注重读者意识培养

依据接受美学理论,作者在写作过程中因为预测读者的需求、审美水平、阅读能力和思维方式而必然涉及对读者价值观、认知、情感、态度等的判断,思辨能力就反映在这种判断上。

研究型议论文写作包括构思、定题、立意、取材、布局、表述和修改七个基本环节,读者意识和思辨能力始终贯穿其中。这些环节并非都是线性发展的,可能是交叉或循环进行。以下将逐个分析每一个环节中的思辨成分。

第一,在构思环节,搜集某一话题的资料进而确定话题争议性的有无,该过程会涉及对搜集的正反观点的理解。

第二,确定研究型议论文题目,该环节涉及分类、比较、判断,当然也是思辨。

第三,在立意环节,作者需要设定读者,这就要求作者对读者的背景、关注点进行充分考虑,进而确立自己的有力度的中心论点和分论点,这整个过程对思维的广度和深度提出了较高的要求。

第四,取材就是选取充分、典型的论据,这对作者的质疑、比较、分析和判断能力提出了要求,而这些正是高层次思维能力的表现。

第五,布局就是阐述自己的论点和反驳反方观点,在此需要确定两者的先后顺序,对此有影响的是目标读者关注点的强弱以及文章整体与部分之间、部分与部分之间的有机结合。可以是先阐述自己的观点,再批驳对方观点;可以是先批驳对方观点,再阐述自己的观点;还可以是逐条批驳对方相应的观点,同时阐明自己的观点。

第六,按照总体布局逐段表达。要赢得目标读者对自己论点的支持,从而增强辩论效果,不仅需要有说服力的论据和逻辑性强的论证,还需要恰当的辩论策略和需求感召力。

第七,修改环节是实现写作内容和修辞风格与读者需求统一的过程。写作内容的深度和写作风格的正式程度取决于目标读者。读者意识对于写作的连贯性、条理性是很有帮助的。

(3)英语写作任务设计的科学化

一个多产的、实用的写作任务需要周密的设计,以适应教师的要求和学生的需求。一个合理的写作任务应能够关注学生写作能力发展的需要。教师需要在写前、写中及修改阶段给予适当的指导,并预设一个能实现学生既定目标的写作思维过程。在设计写作任务时,写作目的、读者人群、表述方式、内容组织、写作风格等几个因素是必须考虑的。

在写作中,写作目的决定作者写什么,因此至关重要。话语的建构有四个目的:进谏说服、阐释意义、情感表述、提高能力。因此,写作目的可以是进谏说服,可以是阐释意义,还可以是情感表达。当学生完成一系列的写作任务后,能力就会有所提高。另外,学生每次写作的目的不同,这些不同的写作目的既定了学生的话语方式,教师在设计写作任务时应该意识到这一点。因此,教师要避免设计出教育价值不大的、目的性模糊的写作任务,这不仅会误导学生的写作,而且使其完成的作文遭受不正确的评价。

在学生写作的写前过程中,审题是至关重要的,这使他们能按照正确的过程写出符合要求的文章。为了帮助学生审题,教师在设计写作任务时应考虑任务长度、任务目的、任务对象、任务环境和任务深度。教师如果真正考虑了这些因素,其设计出来的写作任务就能被学生充分理解,进而选择合理的任务执行路径、适当的内容和语言,最终实现自己的写作目标。

(4)教学方法一体化

教学方法一体化贯穿于写前、写中和写后等阶段。具体来

第一章 英语读写教学概述

讲,在写前阶段,运用多种方式来开拓思路,如批判性阅读;在写中阶段,提供多样化的写作任务和活动,如小组合作写作;在写后阶段,利用批判性反馈提供作文修改路径,确保思辨"不缺席"。

第一,批判性阅读。批判性阅读使学生批判性地审视信息,吸收有用素材,为后面阶段的语言输出奠定基础,这是一种有意义、有目的的语言输入。批判性阅读针对的问题涉及文章的论点、论据和论证等多种包含思辨的问题,而不仅仅局限在主旨、细节等。

第二,小组合作写作。小组合作写作中的主要环节是讨论,在讨论结束后共同完成写作任务。

首先,要根据一些原则进行分组。小组成员以 4 人为宜,人数过少不利于集思广益,人员过多会导致每个学生发言时间的减少。分组还要体现组间同质、组内异质原则。可以将学生自由结合和教师适当调整结合起来进行分组。对于一个小组而言,绩优生和慢进生、性格外向生和内向生都要有。

其次,小组成员分工要明确。组长负责讨论的宏观调控,如组织讨论、协调各方意见等。教师要营造平等、和谐、民主的课堂氛围,提倡勇于否定权威,发表新颖独到的见解,以开放的心态倾听并采纳别人的观点,以及批判性反思自己和他人的意见。教师要有意识地引导学生拓展推理、评价、分析和质疑等思辨技能。

最后,课堂讨论时间应该控制在 25~30 分钟左右,也可根据问题的数量和难易程度酌情调整。各小组针对教师提出的一系列问题进行 10 分钟的讨论,要保证小组成员各尽其言。教师要巡视讨论情况,保证讨论有效地进行,并提供及时的指导。讨论中若出现争议或对立的观点,教师要引导学生课后研究,留到下次课讨论解决。

第三,批判性反馈。反馈是写作过程教学法的重要理念。反馈能够作用于学习者内部,所以评改肯定有利于学习者的语言发展。"反馈"和"修改"的多次循环,促使学生发展批判性反馈的能力,从而推动着思辨和写作能力的同步发展。学生通过一遍一遍地改写,并吸收同伴互评、自我评改、教师讲评的有效信息,就有可能提高批判性阅读和修改作文的意识,进而通过不断反思取得进步。

第三节　英语读写教学的融合

一、英语读写教学融合的本质

(一)相互交流

一个系统要想发展好,必须建立在相互交流的基础之上。相互交流也就是彼此开放。系统的开放性特征使得系统与外界实现物质、能量和信息的交换,为系统的发展提供源源不断的原料。

从内部关系审视,读与写具有本质的关联,教学应遵循其自身的特性规律,公开透明地交流。

整合读写教学必须以"相互交流"为前提,增强自身的包容性,读写教学才能自由伸展。这就要求教师要创造促成相互交流的教学环境,并且给予学生充分的话语权。学生逐渐突破思维限制,通过思维联想将相应知识合理迁移,为系统性读写教学提供了良好的教学基础。

(二)组织化与动态化

客观世界中的任何系统都具有自我建构、自我运动的能力,并且自组织是系统论高效发展的独特优势。经过系统思维方式的训练,促使学生调整自己的认知,逐渐形成对知识的迁移和运用,最终达到读写整合的自组织学习。这样可以使学生摆脱固有的心理建构程序,激活学生学习的自主意识。由于自组织源于学习者内部积极、主动的心理意愿,远胜于外力的借用,这种学习方式无疑是高效的。

读写教学的融合不仅是阅读教学和写作教学在时间上的连贯,而且要使读写"你中有我,我中有你",既缩短两者相互迁移的时间,又能形成学习与应用的同步性和及时性。读写整合教学强调反馈的力度和效应,避免了学科内读写教学断裂而影响学生整体思维的动态发展

二、英语读写教学融合的作用

(一)加强知识的迁移

从工具理性角度来看,阅读与写作学习的内容是一致的,只是呈现的方式不同。如果前者是顺向呈现,那么后者则是逆向呈现,这种知识互通性足以给学生提供知识迁移的基点。

从价值理性角度来看,学习阅读过程也是一次个人价值的体验与升华,写作过程则是一次个人价值的生成与展现,而将读写过程整合则可以强化知识转化速率,防止搁置时间过长影响迁移效率。

工具理性与价值理性在英语教学中表现为工具性与人文性,而英语课程标准强调"工具性与人文性相统一",这样理论与实践都给予了读写迁移以必要条件。

(二)提高学习效率

学习效率的提高源于以下四个方面的改善。

首先,读写割裂式教学往往更多地教授技能,而技能性阅读与写作训练单一,会严重束缚学生的思维。读写整合教学既提供技能知识,又提供应用机会,这就给学生提供双线思考平台,有利于扩大学生的思维空间。

其次,写整合教学源于系统思维方式的建立,而系统思维方式可以拓展学生解决问题的思路,为某些固有思维无法解决的问

题提供解决的新路径,从而增强问题解决效果。

再次,以往学习单一的内容易造成学生学习心理疲惫,尤以升学考试专题式阅读最为明显。英语读写整合教学则可以丰富教学内容,促使学生思维顺逆跳跃,缓解学习"审美疲劳"。

最后,从时效角度来看,传统英语教学将读写教学视为两大模块,分别给予一定的教学时间。整合教学则将它们视为一体,在学习的实质内容相同,但要通过不同方式呈现的情况下,两者可浓缩为同一课时教学,缩短了教学时间。

第二章 英语一体化教学模式概述

作为一种教学理念,英语读写一体化教学模式更强调学生对语言的整体感悟,更强调通过研究性学习培养学生的批判性思维,并提高学生的人文素质。英语读写一体化不是单向的"以读促写",也与以往工具式的训练型"读写结合"有所不同。

第一节 教学模式简述

在教学中,有一个不得不提的概念,那就是教学模式。但是教学模式究竟是什么,答案不一。

一、教学模式的内涵

美国教育家乔伊斯·韦尔和艾美莱(1972)在《教学模式》(*Models of Teaching*)一书中首先提出教学模式的概念。在该书1980年的修订版中,他们将教学模式界定为"一种用来设计教学材料、指导教学的计划或类型",并提出23种教学模式。

从不同的角度,各位学者对教学模式有多种多样的界定,主要有以下几种。

(一)教学理论说

章武生主张教学模式是一种教学理论。他认为,教学模式是在教学实践活动中形成的一种设计和组织教学的简化的理论"模式是再现现实的一种理论性的简化的形式"[1]。

教学模式是以抽象形式对教学原型的类比和简约的表达形式,因此类比和简约既是教学模式,也是教学理论的本质特征。同时,教学模式还着重再现教学方法、组织形式等因素之间的相互联系,具有实质操作性的特征。所以,教学模式不等于教学理论,而是介于教学理论和教学实践之间的中间桥梁,两者之间存在着质的区别。

(二)教学方法说

温世颂认为,教学模式是一种"特殊的教学方法,运用于某些特定的教学情境"[2]。

教学方法是实现某一目标的单一的、具体的、实践的手段。教学模式是比教学方法更高一层次的概念,包含教学方法等因素在内。因此,教学模式与教学方法紧密相连,但它不等于教学方法。

(三)教学策略说

美国教育家保罗·埃金(1990)认为,教学模式是建立在特定教学目标基础上的、具有规定性的教学策略。

策略是在教学过程中采用的总的对策、计划、措施、方法和思维活动的程序。教学模式涵盖着教学策略,教学方法和教学模式既有联系,又有区别。

(四)教学结构说

有人认为,教学模式是"某种方案经过多次实践的检验和提炼,形成了相对稳定的、系统的和理论优化了的教学结构"。

结构是事物的主要因素及其联系的关系。结构是教学模式的核心部分,但不是全部。

---

[1] 章武生.关于教学模式的探讨[J].教育研究,1998,(7):60-63.
[2] 温世颂.教育心理学[M].台北:台湾三民书局,1980:269.

第二章　英语一体化教学模式概述

综上所述,教学模式是用简要的语言、符号或图表等方式表达、反映特定的教学理论,并根据特定的教学目标而设计的、比较稳固的各类教学活动顺序结构的程序及其教学策略、教学方法系统的整合体。

教学理论是教学模式的指导思想、基本原理,是构建教学模式的理论基础。教学理论也是教师应用、实施和操作教学模式的理论依据。教学目标既在方向上制约着教学活动结构的程序、步骤的设计以及教学策略与方法的实施和操作,也是最终评价教学结果的标准和依据。教学结构是教学模式各因素的互相联系、排列组合的比较稳固的结构。教学条件有外部条件和内部条件两个方面。教学质量的效率主要依赖于学生的内因,甚至在一定的条件下,外因对内因还能起主导作用。教学策略是指在教学过程中积极有效的教学途径、方法和技巧的内隐思路和外显行为。教学评价是依据教学目标对教学程序中各因素及其综合结果做出科学评估和自我评价的手段,也是检查教学目标、内容完成程度、价值取向和获取反馈信息的重要手段。

由此可见,教学模式不仅是一种教学理论,也是具体实施操作的策方法。因此,教学模式是一种既具理论性,又含操作性的典型形式。一种典型的教学模式不可能仅仅针对一个具体的知识点。教学模式是针对一类知识构建自身系统化的体系,教学模式不可能在个别、偶然的教学现象中产生,而只能在一类知识或能力概括的、能揭示普遍规律的,并可重复模拟标准化的教学活动中构成。作为模式是相对稳定的,但也是可修正和发展的。教学模式要针对教学内容的不同领域、不同层次来构建。

二、教学模式的特点

教学模式具有以下几个特点。

（一）融合性

教学模式旨在建立一个设计、组织、实施抽象理论的完整的理论联系实践的组织结构体系,搭起抽象的教学理论与实践操作之间的桥梁。

它把教学策略、方法、手段和组织形式融合为一个完整的教学模式以指导教学实践,以便于教师能具体掌握操作和应用。教学模式将发挥内在各因素教学的整体功能,并能积极有效地指导教学实践,从而提高教学质量。

(二)直观性和可操作性

教学模式使抽象理论转化成简单、直观、具体的操作组块框架和策略方法,从而能使实践工作者快捷地理解、掌握、实践操作的过程。

教学模式是教学理论联系教学实践的产物,既具有理论性,便于理解和把握;又具有操作性,是整体框架切分成独立而又相互联系的各个步骤,以便于操作和应用。

(三)包容性和可预见性

教学模式是各因素相互有机联系组成的一个开放式的框架,它不是在单一知识点的个别、偶发教学过程中产生和构建的。只有总结、归纳和概括一类知识经常、普遍发生的教学现象,才能产生符合普遍规律和比较稳定的结构框架。

由于教学模式依据特定的教学理论,以教学目标为定向,发挥结构中教学策略、方法、手段的整体优势,所以它能预见由程序与结果互动关系而产生的积极有效的成效。

随着教学实践理性认识的不断加强,以及教学理论的不断深化、更新和发展,教学模式也会不断得以修正和完善。因此,教师要灵活地、创造性地应用教学模式,体现出自身独特的教学风格,并使它发挥更高的积极效能。

三、教学模式的进化

(一)适应自然秩序的教学模式

1. 教学理论

17世纪捷克教育家夸美纽斯(Comenius,J. A.)从唯物主义的角度出发,批判学校教育不符合事物发展的自然秩序,学校变成了儿童恐惧的场所,变成了他们才智的"屠宰场"。他认为,宇宙万物与人的活动间存在一种"秩序"的和谐发展的普遍规律,教育也应遵循自然、普遍的秩序。据此,他提出教育自然秩序的主导原则。

2. 教学目标

夸美纽斯主张教育对象要普及化,要把一切知识教给一切人,从而提出教育目标:要学习和运用百科全书式的自然科学知识、社会及历史知识,并用拉丁语、希腊语、希伯来语表达知与行。

3. 教学模式

夸美纽斯以自然秩序为导向,主张从心理学的角度制订教育方法。他对教学原则进行了系统的研究,进而首次提出了彻底性原则、确切性原则、便易性原则、简明性和迅速性原则,以及各学科的教学方法。在此基础上,夸美纽斯提出了教知识的教学模式:起始于感官的感知,通过联想进入记忆领域,再由具体事物的探讨产生普遍的理解,最后才有对已领会事实的判断。

(1)感知

夸美纽斯认为,认识起始于来自感官的感觉,而且知识也只有通过感官的感知才能成为真实和可靠的知识。学生通过感官反映外部客观世界的感觉经验。真实、可靠的知识来源于学生的个人观察和直观感知。

(2)记忆

知识的获得还要依靠记忆,学生只有通过联想实现知识的记忆。要想提高记忆效率,还要通过新旧知识的联系由已知到未知来记忆知识。复习和练习就是让新旧知识联系和达成长时记忆的重要方法。

(3)理解

理解是记忆和巩固知识的重要方法和手段。理解就像钉子那样能把知识牢牢地钉在脑子里。通过感官感知的知识,只有被理解了才能更好地巩固和记忆。

(4)判断

教学的最后一步就是判断。学生学习是通过辨别正误、区别差异、判断结果来获得正确的知识。学生只有在对具体事物的探讨和普遍理解的基础上,才能对领悟、理解的事实做出判断。

4. 教学原则

(1)直观性原则

抽象的文字教学不易于学生理解和记忆。因此,知识教学需从感官的感知开始,并要通过个人观察、实践或直观教学才易于学生感知知识、理解知识和巩固知识。[1]

(2)有序性原则

知识教学要遵循自然秩序,循序渐进,先学的知识要为后学的知识做铺垫。因此,教学要由已知到未知、由易到难、由近及远、由简到繁、由具体到抽象。

(3)巩固性原则

知识教学不仅要让学生感知知识,而且还要牢牢记住知识。理解是记忆巩固的重要方法之一。除理解知识之外,练习和复习也是记忆巩固知识的有效方法。

---

[1] 夸美纽斯著,傅任敢译. 大教学论[M]. 北京:人民教育出版社,1984:20.

第二章 英语一体化教学模式概述

（4）主动性原则

知识教学要调动学生学习的主动性，为此教学需激发学生的求知欲，从而促进学生自觉自愿地学习。夸美纽斯提倡运用表扬、奖励和适当的批评来激发学生学习的求知欲，反对使用强制、压迫灌注的方法。

（二）培养道德的教学模式

1. 教学理论

德国心理学家、教育家赫尔巴特(Herbart, J. F.)的教育思想的哲学和心理基础是受康德等哲学家影响所形成的实在论以及在实在论哲学基础上建立起来的统觉心理学。实在论认为，人和事都是一种绝对和永恒不变的实在。人的心灵的实在是一种精神实体，具有一种凭感觉认识周围世界和形成观念的能力；统觉心理学认为，人的心理活动最基本的和最简单的要素是观察，人们认识活动的目标就是获得观念。统觉是儿童在原有经验基础上形成新观念的心理活动过程。除此之外，伦理学也是赫尔巴特教育思想的一种重要理论基础。伦理学规定教育目的，把道德教育作为教育的首要目的。

2. 教学目标

教学目标分成选择的和道德品质两种。选择的目标是指培养学生对未来职业的能力和兴趣，但真正的教学目标是培养具有完善道德品质的人。人的道德品质包括心灵的自由、善良、正直。

3. 教学模式

赫尔巴特提倡，教学就是要唤起和调动原有的观念去吸收和同化新观念，并根据激励兴趣的四个阶段——注意、期待、探求和行动的规律把教学程序分为如下四个阶段。

(1)明了

为了能使学生明了地感知新的知识内容,教师应注重启发、提示和直观教学,教学语言要生动、具体、形象、简洁、清晰,从而把学生的注意力集中到新知识的内容上。学生掌握知识必须经过钻研和理解两个环节。

(2)联想

联想是指在调动原有观念与获得的新观念之间建立联系,从而组合成高水平的新观念。教师采用自由谈论和分析法指导学生分辨复杂的观念,能促进新旧观念的联结,从而使新观念的组织结构变得更加条理化,促使学生有效地掌握新观念。

(3)系统

学生采用综合法建立知识之间内在系统的联系,概括成系统的综合整体,以形成普遍性的概念、结论和定义。

(4)方法

方法是指通过练习和作业,在实际生活中独立地运用新知识。教学要根据学生的思维观念和意向行为,用系统理解和掌握的新知识通过练习、作业操练和实际应用来解决教学实践中遇到的问题。

4. 教学原则

(1)控制原则

教学中的控制原则也就是道德性格训练法,主要通过有效地约束、限制、制裁、训斥、劝告和警告等手段,防止学生冲动、情绪爆发,旨在培养其服从的情感和调控的意志。

(2)兴趣原则

兴趣的多面性是教学的基础。任何兴趣的发展都经历四个阶段:注意、期待、探求和行动。兴趣发展的四个阶段可以对应教学法的四阶段,教学要求在整个四阶段中充分激励学生多方面的兴趣。

第二章　英语一体化教学模式概述

（3）注意原则

注意是使已有观念不断增多的动力。注意分为有意注意和无意注意两种。有意注意是指向预定目标的注意。无意注意又分两种：原始注意和统觉注意。注意对象的鲜明性和力度的强弱规定着原始注意的强度。新旧观念的联结程度规定着统觉注意的强度。教学应强化、维持和激励学生注意力以提高教学效率。

（三）实用主义教学模式

1. 教学理论

美国哲学家、心理学家、教育家杜威（Dewey, J.）受皮尔斯和詹姆士的哲学和心理学理论的影响，创立了实用主义教育思想。

（1）教育即经验的改造

杜威从经验论的哲学观出发，主张教育即经验的改造，一切学习都来源于经验。经验是人们主动尝试的行为与环境反作用之间相互联结的结果，是两者的统一结合体。客观世界的存在都是被经验到的东西，存在就是被经验，人们的主观经验是客观世界存在的前提。

（2）教育即生长

杜威认为，儿童心理活动过程是其本能的发展过程。因此，他提出"教育即生长"的教育观。人的能力、兴趣、需要和习惯的生长发展，都是建立在人的本能生长、发展的基础之上，并随人的本能生长、发展而生长、发展。因此，教育教学应按照人的生长和发展过程来进行，教育教学的目的就是促进人的生长。

杜威还提出了"教育即生活"，这个观点实际上就是"教育即生长"的另外一种表达——因为生长就是生活的特征。

（3）学校即社会

杜威主张"学校即社会"，是指学校是一个小规模的、合作化的社会，学校是一个现实社会生活简化了的雏形社会。学生在体现现实社会生活的学校里学习、生活，就能塑造他们的社会精神。

(4)从做中学

杜威还主张以"从做中学",它是指儿童要亲自在做的过程中学,即学生应该从自身活动中学习直接经验,积累和发展直接经验。

2.教学目标

根据杜威的教育思想,教育目标是要求学生在学校创设的社会生活的情境中通过亲身行动获得、积累和发展直接经验,为学生将来的社会生活打好基础。为了达到这一目标,学校应培养学生良好的思维习惯和创造性思维能力。学习就是学习思维,思维活动和思维能力能将学生体验到的困惑和紊乱的情境转化成清晰、连贯的情境。

3.教学模式

思维就是方法,方法就是在思维过程中明智的经验。教学方法的要素与思维的要素是相同的。杜威根据思维活动的特点提出人类思维过程的五个阶段,即后人常说的思维五步法。

(1)情境

教师要给学生设置一个与实际经验相联系的、真实的疑难情境,之后给予一定的暗示,然后再让学生组织一个对活动本身感兴趣的连续活动,这能使学生通过暗示和连续活动,有兴趣去了解疑难情境中产生的问题和获得有关的直接经验,这是思维活动的启动。

(2)问题

将在这个疑难情境内部产生的需要被解决的真实问题作为思维的刺激物,以促进学生的思维活动。这时,教师应给学生足够的资料去处理真实情境中产生的真实问题,而这些资料主要是学生已有的经验、活动或事实。

(3)假设

学生首先要掌握足量的资料和进行必要的观察活动,并在激

第二章　英语一体化教学模式概述

活原有经验的基础上,从资料的应用中,产生对疑难情境问题的思考,并提出各种解决问题的假设。

(4)推理

学生对假设进行思维活动,想出解决问题的具体方法,并对各种方法进行有序整理和有顺序的推理。

(5)验证

学生通过在真实情景中的应用和亲自动手去做,去验证其提出的假设和方法,并找出这些假设和方法的真实性、有效性和价值取向。

4.教学原则

(1)以学生为中心原则

学习就是学习思维,教育是经验的改造,教育就是要发展学生的思维和积累丰富实践的经验。因此,教学应该以学生为中心,遵循学生本能发展和原有的经验水平。学生的发展是教育教学的出发点和归宿。

(2)兴趣原则

教学活动的安排要以学生的学习需要和兴趣作为出发点。教师在设置疑难情境阶段需考虑学生是否有兴趣去了解问题,进而激励学生发现问题,假设、分析、处理问题,解决问题和验明问题的有效性。

(3)从做中学原则

杜威反对百科全书式的知识灌输教学,反对抽象地讲解知识,提倡学生从做中学,让学生从活动中学,学生通过亲自动手的过程获取在真实情境中的直接经验。

(四)发展智力和道德的教学模式

1.教学理论

苏联教育学家凯洛夫站在马克思列宁主义的辩证唯物主义

的立场,提出教学过程的三个基本阶段——"直观—思维—实践",并根据这三个基本阶段设置了一套五步教学模式。唯物辩证法认为,物质决定意识,意识是物质的反映,又能动地反作用于物质。认识是客观世界在人的主观意识里的反映。

2. 教学目标

凯洛夫的教学目标可以简约地概括为教学和教养两个目标。
(1)教学目标
教学目标是以知识、技能、熟巧的体系武装学生,并以掌握知识为主。
(2)教养目标
第一,发展注意力、观察力、想象力和思维能力。
第二,形成共产主义世界观、政治观、道德观和情感体验等。
首要目标是教学目标,其次是教养目标。

3. 教学模式

凯洛夫设置的课堂教学五环节模式如下。①
(1)组织教学
学生在上课前两分钟回到课堂,做好上课的材料准备和心理方面的准备。教师在师生问好后可集中注意力准备上课。
(2)复习旧课
教师通过订正家庭作业中的错误和各种练习形式来检查和复习已学知识内容,特别是前一、二节课学习的知识。复习时,注意采用联旧引新的方法,使新旧知识加强联系,以便学生在掌握旧知识的基础上领会理解新知识。
(3)讲解新课
教师采用各种方法和手段讲解知识,特别是一些重点和难点的知识,使学生清晰、明确地领会和理解新知识。

---

① 凯洛夫著,陈侠等译.教育学[M].北京:人民教育出版社,1957:151.

第二章　英语一体化教学模式概述

（4）巩固新课

教师采用多样化的练习形式，使学生运用和总结知识，检查学生新学的知识内容，以达到巩固新知识的目的。

（5）布置家庭作业

教师根据课堂内容的重难点布置家庭作业，让学生进一步操练和运用所学新知识，以达到牢固掌握知识的目的。

以上五个环节相互联系，循环往复，使课堂教学过程能有模式、程序和步骤可循。

4. 教学原则

（1）教师权威原则

凯洛夫主张，教师是教学的权威。教师是教学过程中的决定性因素，教师决定教学目标、内容、方法、教学组织和实施。学生仅仅需要认真听教师讲、完成教师的指令和要求。

（2）以课堂为重原则

因为教学工作主要是在课堂上实现的，凯洛夫主张以课堂教学为中心，课堂成了教师教学的重中之重。由此，他设计了一套以教师讲解新知识为主要目的的课堂教学结构。

（3）以书本为重原则

凯洛夫主张以书本为中心。教学的主要任务是教师给学生讲授书本知识，书本中的系统知识是学生知识的主要来源。

（五）八阶段教学模式

1. 教学理论

美国教育心理学家加涅（Gagne）提倡学习层级说，提出了八种学习类型。

（1）信号学习

学习是对某一刺激作为信号引起特定反应，如狗听见铃声信号做出流唾液的条件反射。

(2)刺激—反应学习

信号学习较之于刺激—反应学习相当于被动转化为主动。学习是刺激与反应的自觉联结。

(3)连锁学习

连锁学习是指行为是由一系列小单位动作或操作构成的刺激—反应的联结。

(4)语言联想学习

语言联想学习是指在语言材料之间建立联想。

(5)辨别学习

辨别学习是指从学习情景中的多样刺激中辨别出其异同,如辨别 bag—bat—big 的不同语音音素的异同点。

(6)概念学习

概念学习是对学习情景中呈现的多样、不同的事物进行分类,归纳出事物共同特征的反应。

(7)原理学习

原理学习是指由两个以上的概念联结或连锁构成原理的学习。

(8)解决问题学习

解决问题学习是指学会用一个或几个原理解决在实际情景中遇到的各种问题。这是学习思维活动的最积极表现,是最高的智力活动。

这个累积式系统由简单的从属技能逐步向高一级技能发展,上述技能在层级系统中形成一个迁移的阶梯,获得一种技能要以另一种技能为基础,并受已获得的技能正迁移的影响。

2.教学目标

加涅按照学习结果把学习目标分成五个方面:言语信息、智力技能、认知策略、动作技能和态度。五种不同学习目标各有其不同的外部和内部学习条件。

第二章　英语一体化教学模式概述

3.教学模式

加涅根据信息加工理论,把学习过程分成八个阶段的教学模式,并将每个学习阶段中发生的事称为"教学事件"。

(1)动机阶段

动机阶段为学习指明方向。动机是由预期目标引起的,预期是学生要求达到目标的期望。

教师组织学习内容和使用策略方法,要考虑能吸引学生的注意力,激励学生的学习兴趣和激发学生的学习动机。

(2)了解阶段

了解阶段也是注意和选择性知觉阶段。注意是刺激灵活性的结果,并对学习过程起控制和加工作用。选择性知觉则是把注意的言语信息特征从言语中区分出来进行知觉编码进入感觉记忆中。

告知学生教学目的能给学生指明努力方向和学习的具体目标,学生就能形成学习的心理定式和对预期达到具体目标的期望。

(3)获得阶段

获得是指言语信息进入短时记忆之中,而逗留在短时记忆中的言语信息,经编码起转化作用,使言语信息变得更容易记忆。

教学要吸引学生把注意力集中在所学的主要信息上,并用各种直观手段、现代技术、动作表情等引起学生的注意。

(4)保持阶段

来自短时记忆中的言语信息再经编码,按形象或用其他形式转入长时记忆贮存库,以保持长久性的记忆。

回忆信息是指复习回忆已学信息,以便在原有信息的基础上去学习、理解和把握新的信息。

(5)回忆阶段

回忆阶段是指已经学习的言语信息获得恢复。言语信息的恢复主要是通过寻找知识的检索过程实现的,因此能为检索言语信息提供线索,就有利于提高回忆的效率。

指导学习是指指导学生对学习信息进行编码,使学习变为有意义的学习。

(6)概括阶段

概括阶段是指学习的迁移。正迁移是指把已习得的信息运用迁移于各种新的言语信息情境中,使已习得的言语信息能以新的方式重新组合。

强化保持是指对已学习的信息加强复习、练习,使所学信息能长期保持、贮存于大脑记忆中。

(7)作业阶段

作业阶段是指对学习获得的言语信息进行重组练习,以达到进一步巩固和运用言语信息的目的。

促进迁移是指学生能将所学习的信息迁移到新信息的情境中运用。

(8)反馈阶段

学生完成新的作业以后,就能明确知道预期目标是否达到,这就是信息的反馈。

学生通过完成作业获取反馈信息,以便调整学习进程和学习策略、方法。

4. 教学策略

(1)教学设计策略

教学设计策略是指对教学整体过程进行系统、合理和有序的设计,其中包括确定教学目标、分析学习任务、选择教学内容、拟定学习业绩目标与过程、确定起点行为与特征、编制测验项目、制定学习策略、设计和实施形成性评价和总结性评价。

(2)学习策略

学习策略包括选择性注意策略、编码策略以及知道何时、何地、何场景使用何种学习策略。

(3)指导策略

教师指导策略包括清晰告知学习目标,激发学生学习兴趣,

第二章 英语一体化教学模式概述

运用材料清晰地阐明课文的意义,提问获取反馈等。

(4)管理策略

教师的管理策略包括坚持课堂教学的常规管理,检查和自我检查作业的完成状况等。

(六)有意义学习教学模式

1. 教学理论

奥苏贝尔(Ausubel, D. P.)根据学习方式把人类学习分成接受学习和发现学习;根据学习的内容把人类学习分成有意义学习和机械学习。奥苏贝尔认为,知识主要是通过接受学习获得,发现学习所掌握的知识很有限,难以成为有效的首要手段。

奥苏贝尔认为,有意义学习是在原有的认知结构基础上学习新知识,使新旧知识联系和融会贯通。有意义学习是学习和获取知识更为主要和有效的途径。接受学习应是有意义学习。

2. 教学目标

教学目标是要求学生学习和掌握明确、稳定和系统的知识体系,并采用有意义学习掌握有组织的认知结构。

3. 教学模式

学生应该通过积极主动地、有意义地实施四步思维活动的模式实现有意义的新旧知识联系。

(1)新知识登记

在将新知识登记到学生已有的知识结构的过程中,要对新旧知识的联系性进行充分地分析与综合,考虑登记活动的适合性。

(2)调节新旧知识联系

调节新旧知识的联系是指在新旧知识联系受阻时,需要调节新旧知识的联系以达到适合性,进而理解新知识。

(3)新知识转化

新知识的转化是指学生与原有知识经情境、思维活动相联系,便能使新知识在原有知识基础上更容易、更快捷地获得。

(4)重组知识

重组知识是指一旦新旧知识联系受阻且找不到调节的办法,则需从高一层次上对新旧知识的联系进行更概括性的概念重组。

4. 教学原则

教学拟采用以下几种主要原则。

(1)先行者组织原则

先行者组织原则是指在学习新知识前,教师应先介绍熟悉的、高度概括的、含有与新知识关键内容有联系的知识结构。最重要的教学原则是先行者组织原则。这种知识结构就是组织者沟通着新旧知识的联系。它先于讲解新知识之前导入,所以称"先行者组织"。

(2)循序渐进原则

循序渐进原则是指按照人们的认知规律由一般到个别地纵向组织安排知识,以达掌握的目的。这样,学生就能应用原有知识结构去同化即将学习的新知识结构,实现有意义的学习。

(3)综合协调原则

综合协调原则是指按概念、原理、规则、课题和章节之间的内在联系进行横向组织知识,使结构有条理、有秩序,进而促进学生理解与掌握新知识和形成新的知识结构。

(七)掌握学习教学模式

1. 教学理论

布卢姆(Bloom)于1956年提出了可观察和可测量的教育目标的分类体系。他认为,有效教学起始于学生准确地知道期望要达到的目标和使用达标的方法。布卢姆主张,世界上任何人都能学习,并且在适当的条件下都能学好。他的实践证明,除了极少数人以外,大多数学生在学习能力等方面都大同小异。布卢姆提

第二章　英语一体化教学模式概述

倡掌握学习,他把教材分成单元,并在教完每个单元以后进行诊断性测验,对于测验后存有问题的内容再进行讲解,直到掌握为止。

2.教学目标

布卢姆等把教学目标分成三个领域,即一级目标和多个二级、三级目标等。

(1)认知领域目标

认知领域目标又可分成六个二级目标。

①知识。

②理解。

③运用。

④分析。

⑤综合。

⑥评价。

(2)情感领域目标

情感领域目标又可分成五个二级目标。

①接受。

②反应。

③价值判断。

④价值组织。

⑤价值个性。

(3)动作技能领域目标

动作技能领域目标又可分为三个二级目标。

①基础目标。

②规定动作。

③创造动作。

3.教学模式

布卢姆的教学模式可分为下列五个程序。

(1)划分单元

掌握学习首先要求把学习内容分成若干单元,然后制定和明确单元目标以便起定向作用。

(2)组织单元教学

根据单元教学目标组织单元教学。

(3)进行单元形成性测试

单元教学结束后,立刻根据规定的单元目标命题,进行单元形成性测试,旨在检查学生掌握单元目标的程度。如果测试结果说明学生全部合格,也就证明学生都掌握了该单元的内容和目标,便可进入下一单元的学习。如果测试呈现部分学生未能达到规定的目标要求,就需要进行矫正学习。

(4)实施矫正学习

矫正学习的目的是针对学生未掌握的内容有针对性地复习、巩固,弥补知识缺漏。

(5)进行平行测试

平行测试是第二次测试,针对第一次测试尚未掌握的内容和目标,旨在使得绝大多数学生都能通过测试达到掌握单元内容和目标。

4.教学策略

(1)控制学习过程

掌握学习应控制学习过程,把学生学习单元内容的进度控制在适合每一个学生的学习水平上。当学生学有困难时,立即进行矫正学习、弥补缺漏,促使学习过程顺利发展。

(2)反馈调整教学

单元教学采用单元诊断性测试获取反馈信息,发现问题需及时复习订正。

(3)为掌握而教

掌握学习要求根据学生水平安排教学单元内容和进程,教师为掌握而教,学生为掌握而学。在单元教学的过程中,教师一旦发现学生在学习上存在问题就应及时弥补,从而使绝大多数学生能掌握共同的内容,掌握共同的目标。

(八)人本主义教学模式

1.教学理论

人本主义心理学的创始人之一马斯洛(Maslow)提出人的需要层级理论,认为人的内在价值是满足人的需要。他把人的需要由低级逐步到高级排列为七类:生理需要、安全需要、归属和爱的需要、尊重的需要、认知需要、审美需要和自我实现需要。需要还可分成:生物性需要和社会性需要。生物性需要是维持生命和种族的需要,如生理、安全和运动需要等。社会性需要是指与人的社会生活相联系的需要。

人本主义心理学的另一代表人物罗杰斯(Rogers)提出以学生为中心的自我指导理论,即非指导性教学理论。罗杰斯指出,学生是依据自己的知识、情感经验和认知方式进行学习认知活动的。

2.教学目标

(1)自我指导能力

非指导性教学认为,教学应创设师生互动的非指导性教学氛围,并在相互理解的交流氛围中,让学生富有成效地处理自己的学习活动,自己确定自己存在的学习问题和解决问题的方法,从中培养和发展自己的自我指导能力。

(2)促进情感

发展学生的积极情感对于学生积极主动地解决问题来说是至关重要的。教师是学生情感发展的促进者,学生则可以自由表达自己的情感。

(3)发展洞察力

洞察力是一种新的知觉方式和一种与情感相联系的思维能力。它来源于学生对行为的因果关系和自己的定义陈述。

（4）选择能力

选择能力是指学生有自由选择解决问题的策略,有自由选择通过情感、兴趣、经验去发展自己的潜能和个性。

（5）创造性能力

创造能力是指有能力自己提出问题和自己选择解决问题。

3．教学模式

非指导性教学具有一定的教学程序模式。

（1）确定辅助情境

确定辅助情境是指教师要积极鼓励学生自由地陈述问题和表情达意,从而创设一个师生相互理解、相互协作的氛围。

（2）提出问题

提出问题是指教师鼓励学生明确学习中存在的问题,并接受学生自己提出的问题和所表达的情感。

（3）发展洞察力

发展洞察力是指学生逐步发展自己的洞察力。学生在个人经历中感受到选择和讨论问题、探索研究问题的因果关系,理解自己探究行为的意义和自己表达情感时的体验,从而产生新的认识和新的洞察力。

（4）计划与决定

计划与决定是指学生开始设计计划,并做出初步决定。教师则可帮助学生明了自己有多种选择的可能性。

（5）整合

整合是指学生报告他们的实施行动,逐步提高自己的认识力和发展自己的洞察力,并在更高整合水平上开展更积极的行动。

4．教学原则

（1）创设氛围原则

教师应该创设一种自由和安全的氛围,使学生置身其中不受压制、束缚,不被批评、威胁,只受到尊重、鼓励、赞扬。

(2)自我指导性原则

教师将学生视为教学的中心,是学习的自我激发者、问题的自我选择者和解决者、成果的自我评价者以及学习过程的自我指导者。

第二节　一体化教学模式的界定

20世纪80年代,就有学者注意到了阅读和写作的协同作用,只是还未进行系统的研究。

一、对一体化教学模式的解释

外语教学的目的是提高学生的语言能力。没有一定的语言基础知识,就不能很好地发展语言能力。主题教学模式旨在培养学生的语言综合运用能力,既能培养学生进行语言交流活动的能力,又能使学生发展在社会真实环境中运用语言交流信息的能力。

一体化教学法正是基于主题教学模式衍生出来的一种全新的整体教学方法。一体化教学法是复合型的教学方法,教师引导学生掌握语言基础知识和基本技能,教学中除了运用讲授法外,还结合运用了其他教学方法,如演示法、讨论法、练习法、巡回指导法、提问法及多媒体电化教学方法。

教师在阅读与写作一体化课堂教学中融听、说、读、写、译于一体,培养学生的语言实际运用能力。在主题教学的大方向下,一体化教学法强调以学生为中心,引导学生精读语篇材料并就同一功能话题展开口头表达和书面表达训练,将"听、说、读、写、译"五大要素有机结合起来进行教学,最终实现教学目标。

二、读写一体化教学模式的目标和知识体系

读写一体化教学模式遵循语言教学规律、学生的学习需求和社会职业需求，通过读写结合，提高学生的英语写作能力。同时写作反过来促进英语阅读能力的提高，读写相长，从而提高学生英语综合运用能力。

读写一体化教学模式需要探索的是如何将阅读与写作教学融为一体，也就是读写如何结合的问题。

一方面，阅读与写作在主题上高度一致。另一方面，阅读材料中阅读技巧和写作技巧互相转化，形成系统、独特的读写结合知识体系。

在阅读材料的选择上，是以写作输出为导向的。根据写作训练目的，筛选符合写作主题、写作技巧和写作任务的阅读材料。同时，通过写作训练，使学生对阅读内容有深层次的理解，让学生有文章可读、有文化可品、有知识可学、有内容可写、有技巧可循，真正实现语言输入和输出的有机结合。

三、读写一体化教学模式的步骤

读写一体化不是单向的"以读促写"或"以写促读"。以"输出驱动假设"为理论基础，通过写作—阅读—讨论—写作—评议五步课堂教学，形成"输出—输入—反思—再输出—反馈"的英语读写一体化教学模式。

（1）预热。教学的首要目标是提高学生的写作能力。既要在教学目标中体现出每一个单元需完成的写作任务和相应的写作技能，又要在导入环节中体现以写作为驱动的"预热练习"。

（2）阅读。读写一体化中的阅读是以输出为导向的一种立体的深度阅读。阅读教学应该以培养学生的批判性思维为最高目标。教师在了解学生阅读兴趣的基础上，选择难度适当、有一定

思想深度的相关主题阅读。除此之外,教师根据写作任务,选择技巧和主题吻合的阅读文章,使阅读有的放矢。

(3)讨论。讨论环节设置于阅读与写作之间,教师和学生共同通过课堂展示、分组讨论、角色扮演、辩论等多种形式对文本进行分析。教师通过丰富多彩的课堂师生互动活动,有意识地引导学生概括主要观点,识别观点差异,进行批判性思考。

(4)写作。教师结合阅读材料进行相应的写作技巧的讲解和练习。可以包括以下几种形式。

第一,遣词造句、改写句子、写出主题句与摘要等初级写作训练,多在课堂上完成。

第二,对阅读材料、范文采用缩写、续写、补写、改写、换位写、仿写等形式的写作训练,依据时间可部分当堂完成,部分课后完成。

第三,就单元阅读或话题不限定题目任意选取一个视角写成英语文章。

(5)评议。学生习作采用师生间、同辈间评估,集体评阅等多种评议方式,促进学生合作学习。学生通过合作学习、同辈互评,建立良好的合作学习模式,建立开放、自由、合作、和谐的学习氛围,提高学习效率。

第三节　国内关于读写一体化教学模式研究的现状

在我国新一轮基础教育课程改革的大环境下,阅读和写作一体化教学的探究逐渐受到人们关注。

一、成果

早在20世纪八九十年代,国内外不少学者就对阅读和写作的关系有不少精辟的论述。

我国优秀的语言艺术家、教育家叶圣陶先生(1980)曾经提出,阅读为吸收,写作为倾吐,吸收关系到倾吐是否可以做到严整。他的观点道出了阅读与写作之间存在一体化的可能性。

就两者的本质而言,谢薇娜(1994)认为,写作是模拟阅读的过程,而阅读也是模拟写作的行为。提升语言应用能力需要具备一定数量的语言输入,同时在进行写作练习这一语言输出的过程中,则可以加快语义知识的内化速度。

针对阅读与写作两者之间存在的辩证统一的关系,陈立平(2001)提出,阅读与写作既独立,又相互联系,阅读是写作的基础,只有阅读达到一定数量并将阅读中的语言知识逐步内化,作者才有可能在写作过程中达到内容、语义、结构等方面的效果。

朱秀全(2005)表明,了解了多种文体的结构框架以及写作技巧之后,才会更加系统地去领悟谋篇布局的问题,也会更加高效地对语篇进行分析与解读。

综上所述,在一体化教学当中,阅读与写作是紧密相连、相辅相成的。阅读和写作一体化教学能够使英语学习者在接受一体化教学的同时最大限度地激发自身阅读和写作的欲望,切实体会到与知识相遇并对话的感受,这也是阅读和写作一体化教学的真正意义。

还有学者认为,写作的过程与阅读的过程相互影响。王初明教授认为我国学外语听说环境不利但读写条件充分,因此提出"以写促学""写长法"等教学理念。"写长法"的前提是需要学习者"加强阅读,增加输入"。同时,要克服"写长法"存在的写作任务"语境不丰富"而破坏语言使用的得体性,加强输入也是解决的途径之一。

在读写结合的方式方法上,徐浩、高彩凤于2007年开展了英语专业低年级读写结合教学模式的实验研究,实验结果表明,读写结合能够提高学生写作能力与学习的动机水平,尤其是流利性与语法复杂性以及写作的抽象思维,而对学生的阅读能力的提高没有显著影响。

纪小凌就泛写和读写结合练习两种方法对写作影响进行了对比研究。

何武通过教学实验探索了英语小说阅读在大学英语写作教学中的作用。实验表明,经过特定时间的英语小说阅读,学生的英语写作水平有一定程度提高。

杨永林等进一步将"体验式"学习方法和"社团实践"的概念引入英语教学,提出"以读促写,以写促读"。

二、缺陷

目前虽然国内的众多研究者很早就在读写结合这一点上达成了共识,也提出了不少真知灼见,但相关研究与教学实践仍存在一些亟待改进的方面。

(一)读写发展不均衡

阅读和写作能力的技能混合问题在读写任务设计中非常重要。而目前,虽然是读写课程,但显然把重点放在了写作上,对阅读只作一般性要求。

"融读于写"或"以读促写"教学模式更强调阅读对写作的促进作用,缺乏将写作的能力应用和迁移到阅读当中的教学设计,缺乏能将两种能力紧密结合、均衡发展的教学设计。

(二)忽视微观语言运用能力

目前国内不少大学进行的英语读写结合教学实践过于关注篇章结构分析、写作步骤等宏观阅读与写作策略,而对提高学生的微观语言运用能力还缺乏行之有效的教学设计。虽然分析阅读材料的中心思想与段落结构等的确会提高学生谋篇布局的水平,但困扰中国学生英文写作的问题主要集中在遣词造句能力弱、词汇量贫乏和用词不当等方面。

有学者呼吁,要培养学生过硬的写作本领,必须注重培养学生善于挖掘写作内容。这些问题的解决有赖于读写结合教学模式对阅读功能的深入挖掘。

(三)有待深入探索如何提高学生批判性思维

目前的读写结合模式对如何提高学生批判性思维方面仍然有待探索。

黄源深教授曾表明,外语专业学生和非英语专业学生普遍存在"思辨缺乏"的顽疾,缺乏分析、综合、判断、推理、思考、辨析能力。

如果英语教学过于强调"学以致用",忽视智慧的启迪、视野的扩展与独立思维能力的培养,英语也就缺失了意义。

在提高学生的思辨能力方面,读写结合的课程设置具有很大的优势和潜能。有学者指出,批判性思维影响学习者读写结合作文质量,批判性思维的提高对学习者的阅读理解也会有促进作用。另一方面,读写结合又促进批判性思维发展。"批判性思维不仅仅是审视缺陷的过程,也是一个发现和感受美的过程。而仅仅评阅"原汁原味"的学生范文习作很难使学生充分感悟英语的美。

因此,写作教学与深度阅读紧密结合具有很大的必要性。

第四节 英语一体化教学模式遵循的原则

在设计英语一体化教学模式时,必须思考其所遵循的教学原则。大量理论研究和实践表明,英语一体化教学模式的原则包括以下几种。

一、注重策略意识的培养

学生阅读策略是学生在大量实践之后总结出来的经验或者

第二章　英语一体化教学模式概述

是一种阅读的技能。策略意识的形成是一段长期的过程,学生阅读策略的获得需要经过大量的阅读实践。教师要想培养这种无意识的阅读策略应用技能,唯有通过有计划、有规律、有技巧的课堂呈现和师生交流来完成。

教师想要培养学生的阅读策略,首先必须要形成自己的策略培养意识,理顺这些原本杂乱无章的经验,并且自然而然地运用到课堂的文本剖析当中。教师在阅读课堂中的策略培养意识主要包含以下几个层面。

(一)共同成长

学生为主体,即要求教师调整自己的角色,应该始终走在学生中间,与学生一起共同体验,共同成长。在这一过程中,教师是学生文本解读的帮助者,师生共同体验阅读策略。因为策略无法直接传授给学生,在指导学生阅读策略的时候,要允许学生走弯路,教师再把他们带回来。这样,学生才会更直观地感受到策略的作用。

(二)逐步渗透

在策略意识培养的过程中,课堂是主阵地。教师应该立足课堂,重视阅读教学过程的各个环节,以典型文本为例,有意识地渗透和培养学生的策略意识。策略的培养讲究润物细无声,讲究水到渠成。切忌将策略和其他知识灌输给学生,要避免脱离实践的急功近利的做法。

(三)创设环境

教师应尊重阅读的真实过程,根据文体和文本内容为学生创设真实的阅读环境。不应该机械地套用某一种教学模式,而需要根据实际情况来设计课堂教学。要基于课堂的真实反映,尽可能地关注和捕捉课堂中的一些变化点,善于领会学生的思路并加以引导,这是帮助学生提升阅读策略的契机。

(四)逐步强化

学生的阅读策略从无到有要经过很长时间的实践,不是一两天就可以完成的。因为阅读策略和生活中的其他技能一样,要逐步培养。因此,教师要有充分的耐心,要有逐步强化的意识,结合不同的学情,对学生加以反复引导。

二、创设真实的阅读环境

不同的学生接受能力不同,教师要根据学生的具体情况而设计教学,要创设真实的阅读环境。语言处理所要借助的语境,除了文本所提供的语境之外,也包括教师在课堂教学过程中创设的语境。在导入部分,教师可以设计正确的语境,通过激活学生已有的相关背景知识,帮助学生初识目标语言。教学设计必须体现知识的前后连接,教师要充分估计学生已有的知识水平,并激活学生已有图式,然后通过搭建"脚手架",帮助学生顺利将新知识进行同化或顺应,从而获取新的知识。

环境不能决定一个人的程度,却可以极大地影响一个人的学习过程,继而改变一个人的学习结果。从语言学习的角度讲,学生要在一定的语境中学习语言。阅读教学中的语言学习,也应该是通过语言与语境的互动而进行的语境化的学习。语言学习离不开语境,语境永远是语言学习的土壤。只有这样,学生的语言学习过程才是一个有意义的建构过程。在不同的语篇语境中接触语言,与正确的语言输入协同,能够增强语感,扩大词汇量,改善语言使用能力。在正确语境中学习语言能够抑制母语语境知识补缺,不仅使语言学得地道,而且有助于语言的后续运用。

阅读课堂中有各种任务,但阅读绝不是仅仅为完成各种任务而进行,阅读课教学目的是教会学生学会阅读。教师不应把阅读课完全变成问答课,不是教会学生学会做题。教师应该关注前期的课堂铺垫以及课堂生成和文本阅读后产生的共鸣。阅读能力

第二章　英语一体化教学模式概述

是生存能力的一种,而回答问题只是阅读理解的一项技能。

要创设真实的阅读环境,需要注意以下几个事项。

(1)创设氛围。课堂起点可以奠定一节课的基调。课堂导入能否真正引起学生的兴趣直接影响学生的阅读兴趣和参与课堂讨论的积极性。

(2)做好充分铺垫。学生在阅读之前,老师要充分考虑到学生的基础,使学生为文本的阅读做好准备,包括文本中一些词汇的铺垫、文本内容的一些铺垫、文本思想的铺垫。总之,阅读的内涵包括语言、内容和思想,教学应该始终围绕这三点。

(3)尊重认知规律。文本的阅读具有一定的规律,阅读一个文本,总是会先注意到那些具有标示性的信息,然后由表及里去关注深层次的信息,最后在整体阅读的情况下去探究作者透过文字想要表达的核心思想以及价值观。

(4)读后活动的设计一定要紧紧地与课堂的内容相联系。教师在备课的时候要时刻提醒自己希望给学生留下的是什么,要为这个目的而做好充分的铺垫。

三、综合视野

阅读教学的要素,与获取、加工、输出信息有关。阅读课堂教学活动的设计,必须以重点突破为基本策略,也就是说一个阅读阶段的活动要有侧重的指向,或侧重信息的提取,或侧重语言的赏析,或侧重思维的提升。语言学习要经历一个输入、内化到输出的过程。在信息的提取中,学生把语言的形式、意义、用法进行有效对接,可以更多地去感知语言、理解语言;在评价文本的过程中,教师通过巧妙的提问,引导学生去赏析语言、内化语言;在思维提升的过程中去模仿语言、运用语言。但是,任何活动都有其隐性目标。"综合视野"强调有综合,有侧重,点面兼顾。假如每一个阶段都对各部分平均用力,重点不突出,反而一事无成。但是,不同阶段的侧重是教师根据课堂教学目标而进行的有目的、有计划的侧重。

四、享受过程

基于过程体验的真实阅读,涉及"语言""内容""思维""生本"等多个关键词。过程体验是实现相关教学目标过程中最重要的变量。教师应当设计有利于学生充分阅读和思考、模仿和运用的教学活动,以便让他们有充分的时间去感知目标语言,运用目标语言,形成并发展语言运用能力,提升思维品质。由于教师无法期待每一位学生在每个方面都有同样的收获,所以必须设定具体、真实、可及、可测的教学目标,并据此设计相应的学习任务和学习评价。

第五节 实施英语一体化教学模式的影响因素

教师常常鼓励学生多读书,有的家长和教师还通过奖励鼓励他们保持读书的兴趣。然而,通过奖励的方式来让学生阅读并不能让学生多读。英语一体化教学模式的实施效果,不仅有学生的影响,还有教师的影响。

一、学生方面的因素

(一)阅读动机

1. 什么是阅读动机

动机包括三个方面,即自我效能感、目的以及社会影响。
首先,自我效能感主要指人们对自己能力的认识和认同,决定人们是否愿意从事某项工作,是否能够坚持。就阅读而言,如

第二章　英语一体化教学模式概述

果学生认为自己在阅读方面有潜力、有能力,那么他们会更愿意读书等。

其次,人们做事的目的包括对这件事的价值判断以及所追求的终极目标等。内部动机指因为对事情本身感兴趣而去做,外部动机则指为外界的原因而去做。终极目标又分为表现和学习两种,有的学生努力学习是为了表现好,得到别人正面的夸奖;而有的学生则是为了学习某些知识,获得某种能力提升。如果人们仅仅有很强的自我效能感,相信自己有能力去完成一件事,但不知道自己为什么要做这件事,那可能也不会去努力投入。

最后是社会影响,这主要指学生的家庭及社区环境、社会风气、社会交往对他们的影响等。如果一个学生的父母经常读书学习,或者经常和朋友谈论自己的读书心得,那么这个学生的学习动机可能就比较高。

2. 对大学生阅读动机的研究

袁永芳(2003)针对中国大学生的阅读动机展开了研究,结果表明,中国大学生的阅读动机大致有两种,即工具型和欣赏型。中国大学生英语阅读的首要目的是为了提高英语水平,通过考试,找一份好工作,所以工具性的特点比较突出。也有不少学生是为了通过英语阅读欣赏文学作品,获得乐趣。总体来说,大学生的英语阅读动机比较强,工具型阅读动机强于欣赏型动机,阅读能力确实与阅读动机相关,而且欣赏型动机强的学生阅读能力会更强一些。由此可见,培养学生欣赏型动机、提高学生阅读兴趣依然是提升阅读能力的根本。

石晓杰(2011)对英语专业大学生的阅读动机展开了研究,结论如下:首先,如果教师能够提升学生对阅读的兴趣就能促进其阅读动机。其次,如果教师的性格特点和授课方式得到学生的喜爱,学生的阅读动机也能较为强烈。最后,学生往往会对阅读量大的同学产生羡慕的心理,如果教师能够建立良好的集体阅读氛围,学生的阅读动机也会增强。

与阅读动机相关的研究领域还包括阅读态度和阅读兴趣。

阅读态度，即对阅读这件事情的感受，这种感受会对人们的阅读行为产生很大的影响。阅读态度积极向上的孩子更愿意多读书，因为他们享受到了阅读的美好。对母语阅读持有积极态度的学生会将这种积极的态度迁移到英语阅读中，即使英语水平暂时比较薄弱，他们还会继续英语阅读，而这种阅读会帮助他们在不久的将来提升阅读水平。相反，对母语阅读反感的学生在对待英语阅读上也不会很积极，他们除了完成作业和应对考试，绝不会自觉地开展英语阅读，因此即使他们在某段时间内阅读水平还可以，长远来看，并不会有什么更好的发展。

兴趣是最好的老师，阅读能力的提高与阅读兴趣也有着十分密切的联系。阅读兴趣和内部动机相关，是读者发自内心地对阅读有兴趣，希望通过阅读去了解某些知识或内容。束定芳（2004）指出，在中国的语言环境中，绝大部分外语学习者所需要的应该是阅读能力，外语阅读教学中对学习者情感因素的控制和引导是教学成功的一个重要因素。学生对外族文化、阅读材料内容、练习内容的兴趣等都能使其阅读时处于最佳的心理状态。如果学生对所读材料非常感兴趣，那么他们会对该内容的理解更为深刻。在学生阅读后，为他们提供能够动手参与或观察和思考的任务和活动，可以有效提升阅读兴趣和阅读理解能力。在阅读教学中，教师既要关注背景知识的激活和阅读策略的培养，也要关注阅读兴趣的培养和激发。只有将学生的阅读兴趣调动起来，才会有阅读的意愿，从而主动运用多种阅读策略达到阅读理解的目的。总体而言，阅读兴趣对阅读能力的发展有着极为重要的影响，而阅读兴趣的培养可以通过多种手段来实现。

（二）阅读的量

阅读的量可以包括广度和厚度，广度指阅读范围是否够广；厚度则可以指阅读的量是否够大、是否有深度。阅读的宽度与厚度对读者的影响是显而易见的。阅读的宽度与厚度在英语教学

第二章 英语一体化教学模式概述

中常常是通过泛读和精读来实现的。泛读主要指大量阅读,阅读目的主要是为了获取意义而非学习语言,阅读材料的篇幅通常也比较长;精读指对所读文章进行精细化阅读,范围小但阅读有深度。泛读为阅读能力的提升奠定了广博的基础。大量阅读是提升阅读能力的重要途径。

许多研究表明,广泛阅读有助于语言学习。泛读可以扩大学生的词汇量,丰富学生的语法知识和文化知识,使学生养成良好阅读习惯,提高学生的阅读能力。泛读不仅对学生阅读水平有促进作用,对总体语言水平的提升也有很大作用,而且泛读的时间越长,其对语言学习的影响就越大。当然,泛读绝不是解决语言学习问题的万能钥匙,但是它是一剂催化剂,因此泛读在语言学习过程中有着不可替代的重要角色。从课堂教学的角度来说,泛读教学的目的主要是给学生提供机会享受阅读,因此阅读材料通常应由学生根据自己的兴趣爱好来选定,主要目的就是激发学生阅读的兴趣并使其保持这种兴趣。

二、教师方面的因素

除了学生方面的因素,教师的教学信念和行为也对英语一体化教学模式有着极大的影响。阅读教师在阅读写作一体化教学中抱着一种什么样的教学信念以及发出什么样的教学行为,对于教学效果无疑有着巨大的影响。

(一)教学信念

教师信念的定义有广义和狭义之分。广义的教师信念则是教师的实践性知识,包括了教师对自身角色、学习者、课程、教学方法等的认识。狭义的教师信念指教师的教学信念,即对教材、教学方法的看法。但整体来看,所有的界定都有共同的特点,即教师信念是教师对教学各个方面的看法。

教师要做的事是由他们的信念直接指导的,教师的理论和信仰作为一个过滤器,通过一系列教学的判断和决策。语言教师的教学信念的影响因素主要包括三种,即教师作为学习者的经历、教学实践和外部环境。教师在学生时期的"学徒式观察"过程中形成的内隐模式对其语言信念、语言学习信念、教学信念等会产生重要影响。教师信念影响教师课堂决策,反过来教师的教学经历又会修正甚至改变教师的教学信念。教师的教学信念受各种外部环境因素的制约,如教育政策、教育文化、学校文化、教师的工作强度、教学资源等。

(二)教学行为

教学行为指教师做出维护和促进学生的学习的行为。教师的教学行为是一种教师信念的体现,也是教师教学方法和手段的总和,外显于教学过程。教学行为是教学活动的一个实现单位,教学活动是由一系列的、有目的、有计划的教学行为组成。

早期研究者认为教师信念与课堂行为是单一的因果关系,即教师信念影响并指导教师的课堂决策。现在研究者普遍认为两者相互影响,教师信念是教学行为的驱动力,而教学经历和教学反思会修正或扩充教学信念。造成教师信念与教学行为不一致的主要原因是外部环境因素,而且教师的教学经验也会影响两者的一致性程度。

第三章 英语读写一体化教学的理论基础

英语读写一体化不是单向的"以读促写",作为一种教学理念,它更强调学生对语言的整体感悟,更强调通过研究性学习培养学生的批判性思维,并扩展其人文素质。英语读写一体化教学实践有着充分的理论基础,本章就围绕其理论基础展开分析。

第一节 语言习得理论

一、第一语言习得理论

(一)行为主义的"刺激—反应"论

行为主义心理学认为可以用刺激—反应说来解释人类的一切行为,语言作为人类行为的一个重要组成部分也不例外。当个体的某一个反应被强化时,它便保持下来,成为一种习惯。同样的,语言学习也是一种习惯,是经过模仿、强化和不断重复而形成的。行为主义心理学代表人物斯金纳(Skinner,1957)在《言语行为》一书中指出,语言是一种行为,是可以通过外部行为的表现来观察的。语言不是先天拥有而是后天习得的。有效的语言行为是个体对刺激物做出的正确反应,学习语言的过程就是形成语言习惯的过程。在语言学习过程中,外部影响是内因发生变化的主要因素,语言行为和语言习惯是受外部语言刺激的影响而发生变化。

斯金纳的言语行为理论基于其提出来的操作性条件作用学说。操作性条件作用是操作—强化的过程,重要的是跟随操作后的强化(即刺激)。斯金纳设计了一个箱子(skinner box),在这个箱子里,一个操纵杆与一个装着食丸的装置相连接。把一只饥饿的白鼠放进箱内,白鼠偶尔会踏上操纵杆,提供食丸的装置就会自动落下一粒食丸。白鼠经过多次尝试,便建立了按压操纵杆和能吃到食丸之间的联系,然后,它会不断按压操纵杆,直到吃饱为止。同样的,当一个儿童说出一句话时,如果他得到反馈和强化(来自他人的赞许和肯定),那么这句话就会习得并保持下来,逐渐养成说这句话的习惯。例如,当一个儿童说"要喝牛奶"时,家长给他一些牛奶(强化物),如此反复多次之后,"要喝牛奶"这句话就习得了。

20世纪五六十年代的语言学习和语言教学深受行为主义学习理论的影响,反映在外语教学上就是使用听说法、视听法和采用句型操练为主的教学模式,目的是让语言学习者对目的语进行大量的重复和操练,达到"刺激—反应"的效果,最终帮助他们形成语言习惯,塑造言语行为。反复操练一直被看作语言学习的一个重要的、有效的手段,尤其在外语学习初级阶段被广泛地应用。

斯金纳的语言观和语言学习观对语言学习和教学产生了深远的影响,模仿、练习和强化等手段在语言学习和教学中得到了广泛的应用。然而,人们逐渐对行为主义的学习理论产生了质疑,斯金纳的言语行为理论主要受到来自美国著名语言学家乔姆斯基(Chomsky)的批评。乔姆斯基提出的刺激贫乏假说指出,儿童的语言习得只有语言刺激是不够的,特别是当语言刺激贫乏的时候。也就是说,成人不可能为儿童示范每一个句子,儿童也不可能通过模仿来学会每一句话。成人也并不总是对儿童说出的话进行强化,即使有强化,也是针对话语的内容而较少关注话语的形式和结构。乔姆斯基认为,行为主义学习理论不能解释儿童言语行为中的创造性,单靠"刺激—反应"培养不出语言的交际能力。

第三章　英语读写一体化教学的理论基础

(二)认知发展理论

认知心理学流派取代了行为主义,对语言学习做出了新的解释。认知是心理过程的一部分,是信息加工过程中的最高阶段。认知流派认为,语言学习是人类认识世界的一部分,因此应将它放在整个人脑认识事物的框架中加以考察与分析。

以瑞士著名儿童心理学家皮亚杰(Piaget)为代表的认知流派认为,认知发展是语言发展的基础,语言发展是认知发展的一个有机组成部分,语言能力是个体认知能力的一个方面,是主体与客体相互作用的产物。语言是伴随着认知发展而发展的,认知结构发展到一定阶段才出现语言。语言发展受制于认知发展,例如,当一个儿童掌握了大小比较的概念之后,才有可能说出以下句子:"This car is bigger than that car."同时,语言的产生对认知能力的发展起很大的促进作用。一方面,有了语言,人们可以交流思想、信息;另一方面,语言能帮助人们更好地思维和认知新事物。可见,语言既是一种认知活动,又是以认知为基础的。

皮亚杰指出,儿童认知发展经历了几个不同的发展阶段。这几个发展阶段分别是:感觉运动阶段、前运算阶段、具体运算阶段、形式运算阶段。每一个发展阶段均有一个独特的、基础的认知结构,所有儿童都遵循这样的发展顺序。语言在感觉运动阶段的最后几个月才出现,在儿童习得"客体永恒性"(object permanence)之前,说出的词都是"当地当时词"(here-and-now words)。在获得对客体永恒性的认知之后,当某一客体从儿童视野中消失时,儿童知道该客体仍然存在。这个时候儿童的语言中才会出现 all gone 和 more 这样的用语,可以表示诸如"牛奶没有了""爸爸妈妈都走了""还要喝牛奶""还要饼饼"等意思。除了习得语言之外,儿童将逐渐获得其他许多符号功能,如象征性游戏、绘画等。前运算阶段初期,儿童处于自我中心言语(egocentric speech)阶段,缺乏倾听能力,没有信息和意念的交流,到了后期,发展到能用社会言语(social speech)进行交流。在具体运算阶段,儿童逐渐具有言语理解能力,能够理解、解决具体问题。在形式运算阶段,青少年的语言表达超越了具体事物,除了表达现实性以外,还具有表达可能性的语言能力。

著名学者维果斯基(Lev Vygotsky)则认为儿童的语言发展在认知发展中起着重要作用,语言的发展带动认知的发展。维果斯基认为,语言在儿童认知发展中起关键作用。语言是儿童用以认识与理解世界的一种中介工具,是一种思维工具。

语言作为儿童与他人进行社会交往的工具,具有交际功能。成年人以及同伴在儿童的社会交往过程中起着重要作用。成年人通常进行解释,给予指导,提供反馈并引导交流。而同伴则在游戏与课堂情境中,通过对话来促进儿童之间的合作。儿童可以通过与比自身更有能力的人一起进行有意义的活动来学习,通过活动进行对话,交流思想,从而得到发展。

语言在形成儿童智力行为中起着指导和调节的作用,语言的发展是在社会文化历史环境中实现的。维果斯基认为"自言自语式"的外在言语是个人言语内化的先兆,是内部言语的开端。个人言语是引导个体思维与行为的自我谈话,在自我调控的发展中起重要作用。随着儿童的成熟,这种喃喃自语逐渐发展为耳语、口唇动作、内部言语和思维,从而完成内化过程。具体的发展顺序为:外在社会言语→个体的外部言语→自我中心言语→内部言语。

总之,认知语言学认为人的语言能力从属于人的一般认知能力,语言能力跟一般认知能力没有本质上的差别,语言能力的发展跟一般认知能力的发展有着极为密切的联系。认知心理学主张语言是受规则支配的创造性活动,语言学习是掌握规则、构建意义,而不是形成习惯。语言学习是一个认知过程,涉及词汇提取、选择语法规则等步骤,要求学习者对所学语言结构提出假设,做出判断,并根据新的语言输入证明假设的正确与否。语言学习是在不断对目的语进行预测、提出假设、验证、纠错过程中进行的。

第三章　英语读写一体化教学的理论基础

认知发展论解释语言习得的不足之处在于：认知发展论不是专门解释儿童语言习得问题的，因此语言习得中的许多问题并未得到解决；语言发展受诸多因素的影响，只强调认知一方面的因素是不全面的；认知发展论只强调认知能力对语言能力的影响，忽略了语言能力发展对认知能力发展的影响。

(三)语言功能论

语言功能论的代表人物是著名的语言学家韩礼德(Halliday)。语言功能论是从语言交际功能的角度研究语言发展的。儿童语言习得是为了学会如何表达意思，如何用语言做事，进行交际。对儿童来说，掌握语言结构固然重要，但更重要的是掌握语言的语义体系和语用体系。韩礼德认为，只从语言结构的角度探讨儿童语言习得，不能解释儿童为什么能掌握成人的语言体系、儿童的语言体系如何过渡到成人的语言体系的。儿童语言习得过程，是认识世界并与世界进行交往的过程，是学习如何通过使用语言表达各种意义(learning how to mean)的过程，是不断社会化的过程。

成人语言与儿童语言的根本区别在于成人能在抽象、间接的情景中使用语言，儿童学习语言就是学习如何脱离直接的语境，通过使用语言实现各种交际目的。儿童的语言体系中首先有意义体系，儿童要借助成人语言，由简单到复杂，在交际过程中不断得到完善，逐渐向成人语言体系接近直至吻合。韩礼德认为，儿童语言的发展从一开始就是通过说话实现某种目的的产物。一个孩子出生之后，首先需要逐步认识周围的人和事物，还需要学会与周围的人交往，既要满足物质上的需求，也要满足精神上的需要。韩礼德将儿童语言习得过程分为三个阶段：第一阶段是原型语言(proto language)阶段，第二阶段是原型语言阶段到成人语言的过渡阶段，第三阶段是学习成人语言阶段。原型语言的符号是儿童自己创造出来的，每一个声音都有其独特的功能。原型语言有两个特点：第一，每个声音或每句"话"只能发挥一种功能；第二,每种语言只有声音和意义两个层次,而成人语言除了语音和意义两个层次之外,还有词汇—语法这个中间层次。当儿童语言向成人语言过渡时,将经历一个过渡阶段。过渡阶段的语言(transitional language)不同于原型语言,每个语音或每句话都能同时发挥两种或三种功能。掌握全部语言功能是向成人语言系统转变的充分必要条件。当进入成人语言阶段时,语言便有了语义、词汇—语法和语音三个层次。

语言功能论从语言交际功能的视角来说明第一语言习得过程,注重阐述儿童对语言意义和功能的掌握。在该理论的影响下,产生了功能法教学流派。

以上三种有关第一语言习得理论可以归纳为:行为主义的刺激—反应论认为后天环境的外部因素决定一切,儿童必须通过大量的练习、模仿和强化习得语言;认知论认为语言习得是先天与后天相互作用的结果,语言能力是认知能力的一部分,语言发展是伴随着认知发展而发展的;功能论将第一语言习得看作语义体系掌握的过程,是儿童掌握不同语言方式来表达各种功能的过程。

综合以上观点可以得出下面的结论。

(1)儿童第一语言习得是先天语言习得能力和后天环境作用的结果。语言习得既需要语言规则的内化,又需要通过模仿、操练养成语言习惯。

(2)儿童的语言能力是其认知能力的一部分,是与儿童的认知发展相适应的。

(3)第一语言的习得,既包括语言结构的习得,也包括语言功能的习得。

(4)儿童的语言习得是在交际中实现的。

二、第二语言习得理论

第二语言习得理论(Second Language Acquisition Theory)的

第三章　英语读写一体化教学的理论基础

主要研究内容是外语的学习活动,涉及中介语研究、学习者内部因素和外部因素的研究、外语学习的生理机制和心理机制、外语学习策略等。与其他的社会科学相比,第二语言习得理论开辟了一个新的研究领域。也因此,其对外语教学实践有十分重要的影响,有助于加深对外语教学与学习的特点与本质的认识,了解外语学习与社会、文化的关系以及影响外语学习的积极因素与消极因素,查漏补缺,扬长避短。探讨英语读写一体化教学更离不开第二语言习得理论的指导。

20 世纪六七十年代,美国语言学家彼得·科德(Peter Corder)的《学习者错误的重要性》和英国语言学家莱瑞·赛琳科(Selinker)的《中介语》(*Interlanguage*)是第二语言习得开始作为一门独立的学科进行研究的标志。20 世纪 70 年代以后,随着对第二语言习得过程和规律研究的不断深入,不少学者从多种角度、多重侧面,利用多种方法进行分析,并提出了各自的理论。

（一）对比分析理论

20 世纪 40 年代左右,对比分析(Contrastive Analysis,CA)在研究的初期受到语言学和心理学研究的影响,当时人们认为,将学习者的母语和目的语间的差异部分重点突出,就能够有效地避免语言错误。但是,从 20 世纪 60 年代末开始,对比分析研究的这种观点渐渐受到了批评和质疑。有人提出,学习者的母语与目的语间差异不明显的地方更应该被重点突出,因为这些部分难度更大,反而有差异的地方更容易被学习者接受和掌握。慢慢地,人们的研究中心逐渐转移到错误分析(Error Analysis,EA)和中介语(Interlanguage,IL)研究上。到了 20 世纪 80 年代,对比分析研究在一些新领域的探索上又取得了重要的成果,重新得到了语言学和外语教学关注。

美国语言学家罗伯特·拉多(Robert Lado)开启了现代意义上的对比分析研究。1957 年,罗伯特·拉多出版了《跨文化语言学》(Linguistics Across Cultures)一书。这是世界上第一部对比语言学专著,也是对比分析理论建立的标志。与美国语言学家瓦恩里希和豪根(Weinreich & Haugen)不同,罗伯特·拉多对移民双语现象的研究更多地是关注学习者在第二语言学习中母语对第二语言学习产生的影响,而不是移民所习得的第二语言对其母语的影响。罗伯特·拉多的研究提高了对比分析研究在外语教学中的重要地位。

罗伯特·拉多的对比分析理论主要包含以下内容。

(1)学习者的母语与目的语是可以进行对比的。

(2)通过对比学习者的母语与目的语中的差异,能够预测可能会引起学习困难的语言项目及可能会出现的语言错误。

(3)通过对比分析中的预测对外语课程和教材中相应的项目进行调整。

(4)在相应的项目中,可利用强化手段,如重复练习或操练等来克服母语的干扰,形成新的语言习惯。

对比分析理论的发展经过了三个不同的阶段,分别是强假设阶段、弱假设阶段和折中假设阶段。

1. 强假设阶段

这一阶段的主要代表人物是美国语言学家罗伯特·拉多和美国结构语言学家弗里斯(Fries)等语言学家。

罗伯特·拉多认为,通过对学习者的母语与目的语的对比分析可以预测学习难点或解释第二语言学习中的错误。

弗里斯也倡导对学习者的母语与目的语进行详尽的对比分析,并认为这种分析有利于教材的编写,能够取得更好的教学效果。

20 世纪 70 年代以后,强假设阶段的一些研究成果,如将学习者在第二语言学习过程中遇到的所有难点都归结于母语与目的语之间的差异,两者之间的差异越大,难点越多,差异越小,则难点越少等的观点受到了越来越多的质疑和批评。在这种情形下,

第三章　英语读写一体化教学的理论基础

强假设阶段逐渐过渡到弱假设阶段。

2. 弱假设阶段

这一阶段所产生的研究成果并不是对强假设阶段理论的全盘否定。英国语言学家沃德霍（Wardhaugh）在其《对比分析假说》(The Contrastive Analysis Hypothesis)一文中写道：对比分析理论仅仅对两种语言的语言结构进行分析，而忽视了语义和语境的对比，是片面的，得出的预测也是空想。对比分析理论的作用不能被过分夸大。①

弱假设阶段的主要理论有以下几点。

(1) 对比分析理论只有诊断错误的能力，而不具备预测错误的能力。

(2) 强调学习者的作用，对比分析理论能够对学习者学习错误的成因进行分析和解释。

(3) 对比分析理论不需要详尽的、完整的操作系统。

3. 折中假设阶段

这一阶段的主要观点是认为不同语言系统间的细微差别才是干扰外语学习的最大障碍。因此，《对比分析假说和拼写错误》(The Contrastive Analysis Hypothesis and the Spelling Errors)一文中提到：语言子系统内部或是多个语言系统之间在形式上或意义上的细微差别是产生语言错误的原因。对这些差别进行归纳才是学习的基础。②

这一阶段的理论中提及了语际错误（Interlingua Error），推动了错误分析理论的产生。

---

① Wardhaugh R. The Contrastive Analysis Hypothesis[J]. *TESOL Quarterly*, 1970,(4):123—130.

② Oller J. W., Ziahosseiny S. M. The Contrastive Analysis Hypothesis and the Spelling Errors[J]. *Language Learning*, 1970,(20):183—189.

(二)错误分析理论

传统意义上的错误分析研究在对比分析研究盛行之前就已存在,只不过当时只涉及语言层面,仅对教师或学习的一般错误进行收集和整理,并没有进行深入系统地研究。

现代意义上的错误分析理论的最早提出者是美国语言学家彼得·科德(Peter Corder),其于1967年发表了《学习者错误之重要意义》(*The Significance of Learner's Errors*)一文。关于对"错误"的认识,彼德·科德将"错误"分为"偏误"(error)和"失误"(mistake)两类。偏误与学习者语言能力的欠缺有关,常常无法自我纠正;而失误则属于学习者学习行为上的欠缺,能够自我发现并及时纠正。

错误分析理论将学习者的语言错误作为研究的重点,在深入理解其"过渡能力""相似系统""特质方言"或"中介语"的基础上,解释发生错误的原因,进一步探索学习者的语言习得心理机制。错误分析的过程可以分为五个环节。

1. 选择语料

根据大小和规模,语料可以分为大样语料、小样语料和个案语料。在错误分析的研究中采用的多是小样语料或者个案语料,近年来又出现了语料库研究。

2. 识别错误

一般关于偏误与失误的识别可以依据以下两条标准。
(1)语法规则。
(2)语境规则。

彼得·科德认为失误才是错误分析研究的对象,但也有人提出了两者皆为研究对象的观点。

3. 错误分类

对错误进行分类,有多种不同的方法。每一种方法都不是绝

第三章　英语读写一体化教学的理论基础

对的,有时会出现交叉项。

(1)彼得·科德先将错误分为两类:语言能力错误和语言使用错误。后又在此基础上进行补充,重新划分为三类:前系统性错误、系统性错误和后系统性错误。

(2)美国语言学家杰克·理查德(J. C. Richards)将错误划分为语际错误、语内错误和发展性错误。

(3)美国应用语言学家斯蒂芬·克拉申(Stephen D. Krashen)等以语言范畴为依据,将错误划分为语音错误、词汇错误、语法形态错误、句子或语篇结构错误。

4. 解释错误

错误产生的原因有多种,主要围绕语言、交际、情感、认知几个方面。总结来说,有以下几类。

(1)语内迁移,即目的语的干扰性错误。

(2)语际迁移,即母语的干扰性错误。

(3)学习者自身的交际策略、交际方式、性格、学习习惯等引起的输出性错误。

(4)诱导性错误,即教学实践中的人为的错误性输入使学习者产生了错误的认知。

(5)学习者的自身因素也会导致差异的产生。

5. 评估错误

在对错误进行评估时,彼德·科德认为应该考虑三个方面:错误是否严重;错误是否妨碍理解和交流;错误是否应该被纠正。对错误的评估会受到多种因素的影响,如交际语境、交际背景等。

(三)中介语理论

中介语理论为二语习得的研究提供了新的方向,其研究的背景与对比分析理论和错误分析理论密切相关。20世纪60年代末,对比分析理论和错误分析理论的局限性逐渐突出,实践上也存在许多不足。许多研究者逐渐将研究的重点转移到语言本身上。彼得·科德,美国心理学家、语言学家内姆塞(Nemser),英国语言学家莱瑞·赛琳科(Selinker)几乎在同一时间提出了大致相同的理论,他们三人的理论主张构成了早期的中介语理论。

  彼得·科德曾在《学习者错误之重要意义》一文中提到了"过渡能力"(transitional competence)这一概念,指的是学习者在还未达到目的语语言能力时的语言能力。这一概念与中介语大致相同。彼德·科德的中介语假设是以错误分析理论为基础的。

  1971年,内姆塞提出了"近似系统"(approximative system)的概念,这一概念指的是学习者在试图使用目的语时实际运用的偏离的语言系统。内塞姆的中介语假设也体现了语言学习的动态变化性,学习者对目的语系统地掌握是一个逐渐变化的过程,母语系统与目的语系统间的差异促使其不断向目的语系统靠近。

  1972年,赛琳科在题为 *Interlanguage* 的论文中阐述了"中介语"(interlanguage)的概念,有两方面重要的内容。

  (1)学习者可观察到的言语输出是高度结构化的。

  (2)中介语是一个系统而不是一个孤立的错误的集合。

  中介语理论是网络英语教育重要的理论依据,它能够为课堂教学提供选择材料并组织和安排材料方面的指导。

(四)信息加工理论

  信息加工理论认为语言学习是一项复杂的认知技能的学习,语言学习是语言信息处理的过程,学习者是独立的信息处理者,学习者的中介语系统处在不断的组织和建构过程中。

1. 注意

  注意是一种心理活动调节机制,是心理活动对一定对象的指向与集中。在语言学习过程中只有那些被注意到的输入才有可能得到大脑认知机制的进一步加工。在信息从感觉记忆进入短时记忆,再由短时记忆进入长时记忆的链条中,短时记忆是关键,

第三章　英语读写一体化教学的理论基础

而注意是语言信息进入短时记忆的必备条件。没有注意，就没有感觉登记，也不会有短时记忆中的信息处理。注意有两个相互联系的特点：指向性和集中性。指向性指人们的心理活动在某一时刻指向一部分对象，而避开其他对象，因而注意具有选择性。在语言学习中，学习者可能只注意到了一句话中的某个单词，或一段话中的某句话，而忽略了其他的信息。注意的第二个显著的特点是集中性，人们的心理活动保持在一定的对象上，并对该信息进行深入处理，其他无关的信息或活动受到了抑制。心理学家波斯纳(Posner,1994)把注意按功能分为警觉(alertness)、引觉(orientation)和侦觉(detection)。警觉指的是一种意识状态，在二语习得中指的是接收第二语言输入的一种意识状态；引觉指的是对注意力资源的分配，并准备对输入的信息进行加工；侦觉是产生学习活动的前提，它的功能在于对被注意到的信息进行处理。警觉是激活引觉和侦觉的前提条件，警觉的程度影响着引觉和侦觉的激活水平。

斯蒂芬·克拉申的输入假设认为，当学习者能够理解略微超前于其当前语法状态的语言输入时，语言习得便发生了。第二语言习得取决于"可理解性输入"，"可理解性输入"是引起第二语言习得的唯一变量。由此可见，输入假设理论将学习者视为被动的接收器，否认学习者为获得语言能力而付出的认知努力。事实上，学习者并不能同时加工所有的输入（即便是可理解性的输入），只是选择性地注意其中一小部分，对其进行加工而最终进入长时记忆。这里有一个"输入"(input)和"吸收"(intake)的区别。"输入"指学习者客观上接触到的大量的外部言语刺激，而"吸收"指的是其中一小部分受到注意、经过加工进入长时记忆的言语输入。可见，要使"输入"变为"吸收"，注意是先决条件。在第二语言学习过程中，注意力始终起着举足轻重的作用。

注意力是认知心理学中的一个重要课题，它是信息加工的重要机制。关于注意的实质和特征，莫里(Moray,1969)指出了六个方面的内容。

(1)选择性(selectiveness),选择一部分信息。
(2)集中性(concentration),排除无关的信息。
(3)搜寻(search),从一些对象中寻找其一部分。
(4)激活(activation),应付一切可能出现的刺激。
(5)定式(set),对特定的刺激予以接受并做出反应。
(6)警觉(vigilance),保持较持久的注意。

其中注意的选择性是研究的重点,它是一种内部机制,借以实现对刺激的选择、控制和调节,亦即舍弃一部分信息,以便有效地加工(王甦、汪安圣,2001)。注意力的选择性,正说明了注意力资源的有限性。人们不可能加工所有的输入刺激,而是根据任务要求的不同,选取一部分刺激进行加工。范巴腾(Van Patten, B.)认为,正是由于有限的注意力资源,在信息加工过程中,人们要优先考虑注意的信息,在同等条件下,人们倾向于意义,获取意义是信息加工的首要目标。[①] 以理解为基础的第二语言学习,以理解语言项目的意义优先,而以加工为基础的第二语言学习兼顾注意语言项目的意义和形式。这说明不同的任务要求可将学习者的注意力资源导向不同的学习目的。斯凯恩(Skehan,1998)将学习过程分为三个阶段:前任务阶段、任务阶段和后任务阶段。这些不同要求、不同目的的活动帮助学习者实现语言能力的平衡发展,即流利性、准确性和复杂性。

注意力在第二语言学习过程中是必不可少的要素。Hulstijn(1990)认为在记忆中贮存新的或扩充程序性信息一定需要控制性处理;学习者要习得词的发音、形式、意义和句法规则,就需要注意到它,需要花时间和精力;同样,学习者要习得元语言概念,如语音和字母、单词和句子、形式和意义、主语和谓语、名词短语和动词短语等,从一开始就需要大量的注意力、努力和时间。[②]

---

① VanPatten,B. Attending to form and content in the input[J]. *SSLA*,1990,(12):287—301.

② Hulstijn,J. H. A comparison between the information-processing and the analysis/control approaches to language learning[J]. *Applied Linguistics*,1990,(11):30—52.

第三章　英语读写一体化教学的理论基础

Schmidt(1990)在分析大量的心理学研究和意识理论后,得出如下结论:潜意识语言学习是不可能的,语言输入须经充分注意后才能被吸收;对意识的要求一样适应于词汇的音位、语法形式及语用规则。① 因此,为了充分有效地利用有限的注意力资源,学习者应该有意识地将注意力导向不同的语言目标。

2. 显性知识和隐性知识

显性知识和隐性知识的概念是由波兰尼(Polanyi,1958)在其著作《个体知识》中首次提出的。波兰尼认为,"人有两种类型的知识。通常称作知识的是以书面文字、图表和数学公式加以表达的知识,只是其中的一种类型。没有被表达的知识是另一种知识,如我们在做某件事情的行动中所掌握的知识。"波兰尼把前者称为"显性知识",后者称为"隐性知识"。按照波兰尼的理解,显性知识是能够使用一定符码系统(如语言、数学公式、图表、盲文、手势语等)加以完整表述的知识。隐性知识指那种我们知道但难以用语言表达的知识。

第二语言的显性知识和隐性知识在表征和加工层面表现出明显的区别(Ellis,2006)。在表征层面,显性知识和隐性知识在意识、知识类型、系统性以及第二语言知识的确定性等维度上有所不同。在意识维度上,显性知识是有意识的表征,隐性知识是无意识的。例如,在判断句子是否符合语法规则时,隐性知识告诉学习者这个句子符合或违背了语法规则,但是学习者不知道应该如何表述该规则;显性知识告诉学习者这个句子是否符合语法规则,还可以解释原因。从知识类型维度上看,显性知识是陈述性知识,是关于事实和概念的知识,是可以用语言来表述的;隐性知识是程序性知识,是语言使用的知识,是自动提取的。从系统性以及第二语言知识的确定性上看,隐性知识比显性知识更具有结构完整性和确定性。

---

① Schmidt, R. The role of consciousness in second language learning[J]. *Applied Linguistics*, 1990, (11): 129—158.

在加工层面,显性知识和隐性知识在以下维度上有所不同:知识的可及性、第二语言知识的运用、自我报告、可学性。从知识的可及性维度上看,显性知识需要控制性加工,隐性知识则是自动化加工;从第二语言知识的运用来看,如果学习者有足够的时间进行语言输出计划,他们就可以运用显性知识使其输出更加准确。相反,如果他们完成任务的时间紧迫,他们就会提取隐性知识;从自我报告维度来看,显性知识是可以用语言表述出来的,而隐性知识则不能,难以言表;从可学性维度来看,显性知识是可以学习和掌握的,隐性知识则不能。

对第二语言学习者来讲,特别是当他们在非母语环境中学习第二语言,例如课堂教学,他们的第二语言的知识是显性的,至少在初级阶段。即使在高级阶段,他们的第二语言能力达到一定的水平,第二语言的显性知识还是存在的。

3. 自动化

第二语言学习的最终目的是在交际中熟练地运用语言。但在学习的开始阶段,学习者很难流利地使用第二语言。与第一语言不同,他们在说第二语言时,头脑中会有意识地进行言语计划,包括所要表达的意识和所用的句型。他们甚至将第一语言的表达翻译成第二语言,因为他们的口语表达不连贯,有很多不必要的犹豫、停顿,更不用说语法错误了。这说明学习者对第二语言的运用还处于控制性加工水平阶段,学习者需要付出较多的努力,同时关注语言的形式和内容。这种加工需要较多的注意力资源,受到有意识地控制,速度比较缓慢。自动化加工则相反,无须注意力资源,不受到有意识地控制,速度很快。当学习者不断地在交际中操练第二语言,他们就会重新分配注意力资源,较少地关注已经掌握的语言形式,将注意力转向意义的表达或难度水平较高的语言形式。

第三章　英语读写一体化教学的理论基础

纽厄尔(Newell)区分了两种加工:控制性加工和自动化加工。[①] 控制性加工速度较慢,可以停止,受加工信息的影响,搜索有限项目,有意识加工,无突然突出;自动化加工快速,不可停止,不受加工信息的影响,搜索全部项目,无意识加工,突然突出。控制性加工和自动化加工是相对而言的。第二语言学习的最终目标是自动化加工。学习者需要在语言学习中创造一切机会练习语言,反复地操练,大量地操练,在特定语境中进行练习。语言使用越流畅,学习者就可以有较多的注意力资源表达意义。

第二节　输出假设理论

第二语言学习者不仅需要接触大量的可理解性输入,更需要语言输出以提高语言表达的流利性、准确性和得体性。学习者必须不断地练习阅读或写作,才能更加自信地运用第二语言。

一、输出假设理论概述

语言的输入和输出涉及不同的认知过程:输出时,学习者需要比输入时更深入地处理语言信息,要付出更多的认知努力;学习者主要理解语言信息的意义,有趣的是他们在没有理解的情况下,假装已经理解,但在输出时,学习者必须注意语言的形式和内容以检验自己的语言知识和语言能力(Swain,1995)。总之,理解输入时,学习者的主要任务是语义理解;输出语言时,学习者不仅要考虑交际意图,更要处理语法规则,以表达自己的意图。因而语言输出有助于学习者学习和内化目标语的词法和句法。

输出假说的提出源于 20 世纪 70 年代在加拿大推行的法语

---

① Newell, A. *Unified Theories of Cognition*[M]. Cambridge, MA: Harvard University Press, 1990:36.

沉浸式教学。在沉浸式教学中,法语是教学语言,学生可以得到十分丰富的可理解性输入。但研究发现,以英语为母语的沉浸班学生的听力和阅读理解能力与以法语为母语的学生相当,但他们的口语和写作能力远不及后者。斯温(Swain)认为这一现象主要是因为沉浸班的学生缺乏语言输出的练习,语言学习仅仅停留在信息理解的程度上,不能最大限度地运用他们的语言资源,充分发挥语言能力,以提高语言输出的可理解性和准确性。

二、语言输出的功能

综合斯温(1995)、斯旺和拉普金(Swan & Lapkin,1995)以及斯凯恩(Skehan,1998)的研究,语言输出在语言学习中发挥着八大功能:引起学习者对目的语的注意(noticing/triggering)、有助于学习者对目的语进行假设检验(hypothesis-testing)、元语言功能(metalinguistic function)、增强流利性(developing fluency/automaticity)、生成更好的输入(generating better input)、迫使学习者进行句法处理(forcing syntactic processing)、帮助学习者提高语篇能力(developing discourse skills)、利于学习者学会表达自我(developing a personal voice)。前四种是语言输出的主要功能。

(一)引起学习者对目的语的注意

输出发挥作用的重要前提是学习者必须有足够的认知资源来完成对语言形式和意义的注意。注意是学习者进行信息处理的一个必要条件,也是将语言学习中的输入(input)转化成吸收(intake)的前提条件。第二语言学习者要想学习某一目标语语言形式,只有当这个形式存在于可理解性的输入中,并且学习者注意到了这个语言形式的存在(Schmidt & Frota,1986)。学习者在进行语言输出时,既要注意语言的意义,又要注意语言的形式。对语言形式的关注至关重要。没有对语言形式有意识的关注,学习者就不可能对自己的语言进行分析。在语言输出时,学习者可

第三章 英语读写一体化教学的理论基础

能会遇到一些语言表达上的困难,这时他们往往会注意到已有的语言知识与目的语表达形式之间存在着差距。可以说,语言输出活动让学习者有意识地认识到自己的语言问题,这种意识促使他们注意到自己尚未掌握的语言知识,并在口语和写作中有意识地去学习和掌握这些知识。

学习者的注意力资源是有限的,对于初学者来讲,语言的形式和意义不能兼顾。当学习者的语言知识和能力达到一定水平时,他们的注意力才得到合理分配,这时他们既可以提高语言产出的准确性,又可以促进对语言知识的内化。总之,语言输出可以增强学习者语言知识差距的意识,可以激发他们语言学习的认知过程,如学习策略等,帮助他们学习和掌握新的语言知识,巩固已有的知识。以下对话是两位第二语言学习者在"英语角"进行的。第一位学习者使用了过去时,第二位学习者使用一般现在时给出反馈。第一位学习者非常敏感,马上纠正了自己的语法错误。

NNS1:Did you often come here?

NNS2:Yes, I come here once a week.

NNS1:Oh, sorry. I want to ask you whether you often come here or not.

(二)有助于学习者对目的语进行假设检验

第二语言学习是学习者对目的语不断做出假设,并对假设不断检验和修订的过程。语言输出为学习者提供了机会,尝试用各种方式表达自己的意图并检验对目的语的假设是否正确。假设检验的前提是互动和反馈,互动可以是学习者和本族语者之间的互动,也可以是学习者和老师之间或学习者之间的互动。反馈的作用在于学习者可以得知他的话语是否被理解,是否正确。当听话者表明他没有完全理解学习者的意思,要求对方进一步解释或明确他的本意时,这种反馈会给学习者提供机会来修改他最初的输出,尝试新的结构和形式,创造性地开发中介语资源,使其输出具有可理解性。反馈的方式可以是检验自己的理解是否正确或者请求说话者说明其话语内容,也可以是含蓄或直截了当地纠正。通过反馈,学习者放弃不正确的假设,进行新的、正确的假设。下面的例子(Mackey,2002)表明学习者通过互动反馈检验自己对语言的假设,放弃不正确的假设,接受正确的假设。

I am thinking at that time why she say "really?" She understands me or does not agree me or does not like my grammar or my pronounce? So I try again with the answer she like to hear but I still try out suit, suit, I cannot get the correct word but I see in my picture, written in the door of the room and I think it is a name, name of this area. I say suit, suit, I was try it to see how I sound and what she will say, and she does not understand me. Sad for teacher… but I keep trying and here, here, she finally she gets my meaning, and she corrects me, and I see I am not I do not was not saying it in the correct way, it is suite, suite and this sound better, sound correct, even to me.

(三)元语言功能

元语言指学习者对语言的认知,即通过反思和分析语言所得到的关于语言的形式、结构和语言系统方面的知识。斯温(1995)指出:"当学习者反思他们对第二语言的假设时,这种输出就是元语言功能的体现。输出能使他们控制和内化语言知识。"在互动活动中,为了理解输入信息,学习者可以利用一切知识和策略解读对方的交际意图。可以说,学习者在对输入信息理解的过程中,语码实际上或多或少被忽略了,而在输出语言时,学习者不可能像在理解过程中那样去依靠语境和已有的背景知识,他们必须进行语言计划,选择相应的语言结构。当他们使用的语言结构不能得到对方的认可时,他们可以协商语言结构的正确形式。

语言输出的元语言功能并不意味着语言学习回到传统的语法学习中去。语言学习可以在语言交际中进行:学习者用目的语

第三章　英语读写一体化教学的理论基础

进行交谈，交谈的内容是目的语本身，可以是一个单词、一个语言结构等。交际的过程是学习者意义协商的过程。在交际过程中，语言能力较高的学习者可以为语言能力较低者提供正确的语言形式，这种合作性对话的元语言交际是一种支架性语言交际，可以帮助学习者提高语言能力和发展中介语。下面对话中学习者之间探讨"on the tree"和"in the tree"的用法，在语言课堂内是比较常见的。

NNS1：Look! There is a beautiful bird on the tree, singing merrily.
NNS2：In the tree. We say fruits and leaves are on the tree.
NNS1：Oh, in the tree.
NNS2：Yeah.
NNS1：In the tree.
NNS2：So sorry. In the tree.

（四）增强流利性

流利性和准确性是语言交际不可或缺的两个方面。流利性是从控制性处理发展到自动化处理的结果，是自动化处理的标志。在信息处理过程中，某些认知过程需要大量的时间和认知资源，而另一些认识过程是常规的、自动化的，需要较少的时间和资源。因此，当所要表达的意义与语言结构之间形成一致的规律性的映射时，表达的流利性就会提高。在某一层次上达到流利性可以使学习者的注意力资源用于更高层次上的信息加工。学习者在语言使用中巩固已存储的知识，培养语言处理自动化能力，从而增强表达的流利性。

斯温和拉普金（1995）根据大量的实验结果，建立了语言输出和第二语言学习模式，如图3-1所示。

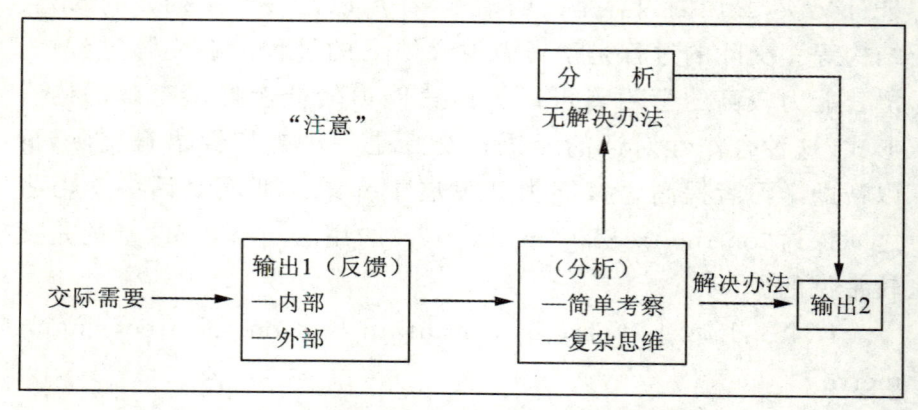

```
                    ┌──────────┐
                    │  分 析   │
        "注意"       │无解决办法│
                    └──────────┘
                         ↑           ┌──────┐
                         │           ↓      │
┌─────────┐  ┌──────────────┐  ┌──────────┐ 解决办法 ┌──────┐
│交际需要 │→ │输出1（反馈） │→ │（分析）  │────────→│输出2 │
│         │  │—内部         │  │—简单考察 │         │      │
│         │  │—外部         │  │—复杂思维 │         │      │
└─────────┘  └──────────────┘  └──────────┘         └──────┘
```

图 3-1　斯温和拉普金的语言输出和第二语言学习模式

（资料来源：张庆宗、吴喜艳，2013）

图 3-1 显示，学习者用目的语进行交流时（输出 1），输出可能在语法结构、措辞等方面还不够准确和恰当，但是如果来自内部和外部的反馈引起学习者的注意，他就会通过简单的反思或复杂的思索分析所用的语言形式，结果有两种：一是找到了解决的办法。这时，学习者会想到多种选择，并逐一分析和评价，找到最佳的语言表达形式（输出 2）；二是没有找到可行的方案，即说话者在其已有的中介语系统中没有找到相应的语言形式来完成交际。学习者就会在以后的学习中特别注意类似的语言输入，补充和完善自己的中介语系统。该模式分离出了两种意义不同的习得。

（1）内化新的语言形式。
（2）加强已内化语言形式的自动性。

（五）生成更好的输入

互动中学习者的语言输出对对方来说是一种反馈，让对方更加了解学习者的交际意图和语言能力，这样对方可以调整自己的语言表达，有利于学习者的理解。语言输出是为了获得更理想的语言输入。在互动活动中，当交际受阻时，学习者与对方进行意义协商，对方根据学习者的反馈，在遣词造句、内容表达方面都会

第三章　英语读写一体化教学的理论基础

考虑学习者当前的水平。这样，学习者可以获得可理解性的输入，有助于学习者内化相关的语言知识。下面这段谈话中当第一位学习者问道："How do you like it?"，第二位学习者似乎误解了该结构的意义，第一位学习者及时纠正，采用了另一种结构形式，这时第二位学习者即刻做出正确的反应。

NNS1:It is amazing that a boy only lives in cyberspace, never going out to talk with people, for about two years! How do you like it?

NNS2:I don't like it.

NNS1:Well, I mean what you think of it.

NNS2:Oh. I think it is incredible!

NNS1:Yeah, it is really hard to believe. I can never do that!

NNS2:Me either.

（六）迫使学习者进行句法处理

语言输出比语言理解更为复杂，更具有挑战性。有很多学习者，他们有很强的语言理解能力，但他们的语言表达能力几乎为零。除了语音、语调问题，更糟糕的是他们说出的话语语法结构混乱，错误连篇，很难让人理解，主要原因是由于他们没有输出练习的机会。语言输出时，学习者必须要考虑使用语法结构来表达自己的交际意图，也许他们的词法句法会有这样或那样的错误，但是他们会根据对方的反馈或随着自己语言知识的增长，不断地改进。语言输出需要经历四个阶段：形成交际意图、构思语言结构、发话行为、自我监控（Levelt,1989）。学习者一旦有了需要传递的意思，就会考虑使用什么样的语言结构将其表达出来。在说话的过程中，除了对方的反馈，学习者还要自我监控，一旦发现问题，及时纠正。在下面的谈话中，第一位学习者为了表达自己的意思，曾试用了三种语法结构。在说话的过程中，可以看出，学习者受到内心自我反馈的影响，最后决定用一般现在时。

NNS1:Hi,I am a student from the School of Business. You see it is crowded here. Had you… uh have you… oh,do you often come here to practice oral English?

NNS2:Yeah.

(七)帮助学习者提高语篇能力

语言输出并不只是简单的问答,学习者在互动活动中,需要学会如何开始会话、如何转换话题、如何进行语轮转换、如何做出反馈和表达观点、如何使用合适的言语行为、如何遵守礼貌原则、如何协商意义、如何结束会话等。这些都是在口语交际中必须具备的语篇能力。会话规则不仅帮助学习者学习目的语,还帮助他们熟悉目的语人群说话的方式。第二语言学习中英语口语能力包括语言形式、语言内容、交际规则等内容:语言形式指语音语调、词汇、语法知识以及运用这些知识的能力;语言内容既包括百科知识和经验,又包括组织和运用知识及经验说明问题的能力;交际规则包括通用交际规则和跨文化规则。

(八)有利于学习者学会表达自我

语言是交际的工具。语言具有传递信息、表达情感、态度、思想的功能。第二语言也不例外。学习者学会用目的语来表达自己的观点和情感,在会话中让他人聆听自己的心声,学习者可以成为会话的主导者。当学习者能够使用第二语言表达自己的思想和情感时,他们会有一种成就感。

第三节　建构主义理论

建构主义理论(Constructivism)是从行为主义发展到认知主义以后进一步发展起来的理论。这一理论的发展有其特殊过程和背景。

第三章　英语读写一体化教学的理论基础

一、建构主义理论概述

建构主义观点起源于皮亚杰的有关理论。通过对儿童心理进行系统、全面的研究，皮亚杰认为儿童与环境的相互作用涉及两个基本过程，即"同化"与"顺应"。"同化"是指把外部环境中的有关信息吸收进来并结合到儿童已有的认知结构中，即个体把外界刺激所提供的信息整合到自己原有认知结构内的过程。"顺应"是指外部环境发生变化，而原有的认知结构无法同化新环境提供的信息时所引起的儿童认知结构发生重组与改造的过程。儿童的认知结构就是通过同化和顺应过程逐步建构起来的，并在"平衡—不平衡—新的平衡"的循环中不断得以丰富和发展。根据这一观点，认知是一种以主体已有的知识和经验为基础而建构起来的。在皮亚杰之后，一些学者又对认知结构的性质、认知结构的发展条件以及个体的主动性在建构认知结构中的关键作用等问题进行深入的研究和探讨，产生了许多不同的观点，也产生了不同流派的建构主义认识论和学习理论，如激进建构主义（Radical Constructivism）、社会建构主义（Social Constructivism）、社会建构论（Social Constructionism）、社会文化认知（Sociocultural Cognition）、信息加工建构主义（Information Processing Constructivism）和控制系统论（Cybernetic System）。关于这六种建构主义流派的理论内涵，可以概括如表 3-1 所示。

表 3-1　建构主义的主要流派及其理论内涵

主要流派	理论内涵
激进建构主义	（1）知识是由认知主体积极建构的，建构是通过新旧经验的互动实现的。 （2）认知的功能是适应，它应有助于主体对经验世界的组织。

续表

主要流派	理论内涵
社会建构主义	(1)将群体放在个体之前,将人与人之间的关系置于首位。 (2)个人建构的、独有的主观意义和理论只有与社会和物理世界"相适应"时,才有可能得到发展。 (3)强调意义的社会建构、学习的社会情景,强调社会互动、协作与活动等。
社会建构论	(1)将社会置于个体之上。 (2)真实性/经验是依靠对话的方法建构起来的,对话是形成新意义的心理工具,应成为关注的中心。知识根本不存在于个体内部,而是属于社会的,是以文本形式呈现的,每一个人都以自己的方式解释文本的意义。
社会文化认知	(1)人的心理功能处于文化、历史和制度情景之中。 (2)关注学习的社会方面,更注重对一定的社会文化背景中知识与学习的研究,并将不同的社会实践视为知识的来源。 (3)提倡在真实的情景中通过对专家活动的观察、模仿进行主动的/认知学徒式的学习。
信息加工建构主义	(1)坚持信息加工论的基本范型,但反对信息加工论中的可观主义传统。 (2)认为知识是由主体积极建构的,外来信息与已知知识之间存在双向的/反复的相互作用,但不同意知识是对经验世界的适应。
控制系统论	(1)强调认知主体不是旁观者,而是置身于行为之中的积极主动的观察者和反省型的参与者。 (2)特别重视不同观察者之间存在复杂的互动关系,重视对包括提问方式、看与听的方式在内的各种循环过程的再认识。 (3)重视交互的、协作的学习方式。

(资料来源:钟志贤,2006)

建构主义理论是一种非常庞杂而又相对完善的认识论和学习理论,在知识观、学习观、教育观、学习环境、意义建构等方面的观点十分丰富。

第三章　英语读写一体化教学的理论基础

(一)建构主义的知识观

(1)知识不是对现实世界的客观的、纯粹的反映,而是人们对于客观存在的事物的一种假设或者解释,而非最终答案,它会随着人们对客观世界的不断认识而出现不同的解释和假设。

(2)知识不是概括世界的准确无误的法则,并提供任何问题的解决方案。在处理具体事件的过程中,没有现成的知识可供选择,而是需要针对具体情况对原有知识进行再加工和创造。

(3)尽管知识通过语言记载下来并被赋予了一定的表现形式,但是它不可能以实体的形式存在。学习者可以普遍接受和认同知识,但是学习者对这些知识的理解有可能出现差异。真正的理解是学习者在具体的学习和实践过程中,通过对自身经验的总结形成的。如果不能这样去理解消化知识,那只能是死记硬背,不是真正地理解知识。

建构主义观点认为,书本上的知识在一定时期只是相对的,是对客观世界的一种相对真实的反映。这种知识不是绝对的,知识是需要人们不断去发展的。因此,认识也应该是不断发展的过程。客观世界在每个发展阶段都有其特定的知识系统,也有其真理性,但是不能认为这种知识是绝对的真理,是一成不变的。随着社会的发展和进步,知识的解释也是需要更新的。因此,学习者不能生搬硬套地学习知识,而是应该主动去学习和分析所学知识,更新旧知识,形成新知识。

(二)建构主义的学习观

(1)学习是人们在自身经验知识的基础上,对客观世界的现象做出自觉地甄别和处理,最后获得对客观世界的认识和理解,而不是进行机械的、简单的被动式接受,也不是由教师简单地传授给学生。

学生学习的过程不是教师简单地传输知识,学生被动地接受;学习是学习者在自身以往经验的基础上,结合自身经验,对知识信息进行积极主动地选择、加工、分析和处理,最后才能把握信息的意义;学习不是进行机械的、复制式的接受。

(2)建构主义强调,学习不是把信息简单地由外向内的单向输入,而是通过新信息与学习者已有的知识经验的相互作用来实现的,即学习者与学习环境之间互动的过程,是不同的学习者按照自身已有的经验与知识主动地进行建构,而不是被动地接受。经过新旧知识的反复的和双向的互相作用,学习者对新知识进行重新解读,从而形成新的知识系统。

(3)由于"最近发展区"的存在,学生通过认知方式构建与周围经验世界的联系,从自身已有经验出发,不断挖掘自身潜能,最终实现对学习意义的建构,这种"信息传递"的过程是由学习者的创造性学习才能实现的。

建构主义学习观的核心是学习,是由学习者基于自身知识经验,自觉、主动建构知识的过程,而不是被动地接受知识。学习者不是被动地知识接受者,而是意义的主动建构者,他要对外部信息进行主动地选择和加工,并在此基础上建构新信息的意义,这种建构的过程只能由学习者自己完成,不能由他人代替。

(三)建构主义的学习环境

建构主义学习理论认为,学习者个人的认知发展与学习过程关系紧密,知识的建构需要特定的情境和他人的引领,通过利用一定的渠道创设特定的学习氛围。这个学习氛围应该包括情境、协作、会话、意义建构四大要素,在整个学习环境中,教育活动应以学生为中心,教师担任组织者、协调者和促进者的角色,通过四大要素激励学生,充分发挥学生的积极性和主动性,最终达到学生建构意义的目标。

(1)情境。情境是与学习主题及内容基本一致或相类似的环境。教师可向学习者提供所学知识的相关经验,可以降低学习者在意义建构过程中的困难,帮助学习者更好地理解所学知识,并对主题意义进行有效地建构。因此,学习环境中的情境必须对学

第三章　英语读写一体化教学的理论基础

生所学内容的意义建构起到积极的作用。

建构主义非常重视情境的作用。与主题一致或者相似的情境会有利于知识的呈现及运用；真实生动的情境有利于激发学生的思维发展，从而使他们在旧知识的经验基础上去深度理解新知识，灵活地处理和分析新旧知识之间的关系，并赋予知识特定的意义。

（2）协作。即师生和生生之间在学习过程中进行友好、平等的合作。在此过程中，大家共同收集资料，提出和验证假设、评价学习成果以及建构意义。

协作过程也是交际过程，在此过程中，整个群体可以共同分享每个个体的学习成果，知识意义的建构不是某个个体或者几个个体单独完成的，而是通过整个协作团队实现的。建构主义强调，学习过程中的协作活动要通过师生和生生之间的相互配合，最后创设一个氛围良好的学习共同体，而且其中每个个体都能充分积极地表现；同时，成功的教师也是学习共同体的成员（叶澜等，2000）。在协作过程中，通过集体的互动，实现课堂气氛的民主性、开放性和和谐性。通过协作，学习者会在自身知识的基础上更新已有的认知，互相学习对方对知识的理解，这样既可以取长补短，又可以发展个体者的个性，从而减弱了教师在传授知识过程中的权威作用，突显了教师作为指导者、引领者的作用。协作学习可以形成积极的同伴关系，也有利于发展学习者的智力因素和非智力因素，而且还可以培养学习者的团队意识、合作精神、集体观念与竞争能力，实现了学习者的发展，达到提高学习者综合素质的目的。

（3）会话。这是协作过程中重要的一环。协作小组之间的成员在经过自主学习后，通过对话讨论完成学习任务。在这个过程中，个体可以自由地发表自己不同的观点。会话是学习者实现意义建构的一个重要途径。威尔斯（Wells）认为，协作会话有利于学习者对知识意义的建构和理解，个体学习者之间对话使大家可以交流，并达成对事物和知识理解的一致性。同时，会话也有利于学习者思维的发展。通过这种方式,整个群体可以共享每个学习者的思考成果,有利于学习者对所学知识信息的完整和全面的理解,以便顺利完成知识意义的建构。

(4)意义建构。意义建构,即整个学习过程的最终目标。在学习过程中引导学习者意义建构,就是帮助学习者能深刻理解所学知识,引导学习者深刻领悟知识所反映的事物的性质、规律以及事物之间的内在关系。在传统的教学过程中,教学目标就是教学活动的一切。教学目标一旦制定,也就意味着教学内容的确定;它也能体现对教学效果进行的教学评估。而在建构主义学习环境中,"以学生为中心"是核心,关注的是学生作为认知主体如何进行意义建构的。因此,学习的目标就是学习者通过什么途径完成知识意义的建构。在这样的学习环境中,教学设计不能着手于教学目标的分析,而是要考虑如何创造有利于学习者学习的情境和氛围。因此,整个教学过程中,应该围绕"意义建构"这一核心要素,实现学习者的独立探索和协作学习。总之,学习过程中的一切活动都要时刻关注这一核心要素,要对学习者的意义建构起到推动作用。

建构主义理论作为教育理论的一种新的发展,是认知学习理论和现代信息社会相结合的产物。多媒体和网络技术的普及为建构主义理论的应用和发展提供了有力的物质保证和技术支持,建构主义理论也为新形势下的教学模式提供了理论基础。

二、建构主义教学模式

建构主义学习理论认为,学习是学习者主动地建构知识的过程,是一个交流合作的互动过程,因此就产生了相应的教学模式。

建构主义教学模式可以概括为:以学习者为中心,在整个教学过程中教师发挥组织者、指导者、帮助者和促进者的作用;利用情境、合作、会话等学习环境要素充分发挥学习者的主动性和积极性,最终达到使学生有效地实现对当前所学知识的意义建构的

第三章 英语读写一体化教学的理论基础

目的,如图3-2所示。可见,建构主义理论为学习者主动学习、主动建构知识提供了理论依据,但不能对目前失调现象做出合理的解释。

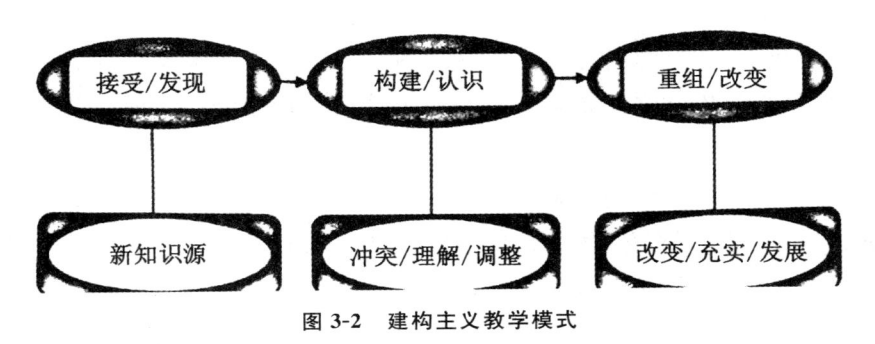

图 3-2 建构主义教学模式

(资料来源:陈坚林,2010)

第四节 支架式教育理论

支架式教育理论在英语读写一体化教学中具有重要的理论和应用价值,它强调师生或生生间的合作学习,主张学习者自己发现、解决问题。本节将对支架式教育理论进行具体描述并分析其在英语读写一体化教学中的应用。

一、支架式教育理论概述

(一)支架的基本概念

支架(scaffold)是一种形象的比喻,本意是建筑行业中用来帮助施工的脚手架。将"支架"应用于教学中即一种教学方式,在学习者的学习过程中,教师的帮助和指导起到"支架"的作用,当学习者能够自主掌握和建构所学知识,并有能力开展更高的学习任务时,教师的"支架"作用就会撤销,由学习者对学习过程进行自我调节。

（二）支架式教育理论的基本观点

苏联心理学家维果斯基的最近发展区理论（zone of proximal development）是支架式教育理论的发展来源。维果斯基认为儿童的发展存在着两种水平：一是儿童现有的发展水平，即儿童现有的能够解决问题的能力；二是其可能达到的水平，即在依靠现有阶段不能独立完成，但借助成年人的指导或同伴的合作或其他的相关知识后能解决问题的水平。这两种水平之间的差异就是最近发展区。1960年，布鲁纳（Bruner）、伍德（Wood）和麦瑟（Mercer）等学者提出了支架式教育理论。支架式教育理论就是主张在学习者处于最近发展区时，即学习者试图解决超过当前认知能力时，通过共同合作或他人的指导或其他外界的帮助，顺利度过最近发展区，完成学习任务。

支架式教育理论的主要观点是教师通过采取对话互助形式帮助学习者解决自身能力无法解决的问题；课堂参与者合作解决问题时互为支架，从而每个个体都能得到不同程度的提升。采用支架式教育理论进行教学有三方面的功能。

（1）调节学习者知识储备。学习者在最近发展区解决问题时会调动头脑中已有的一切相关的知识结构，通过回忆再现的方式努力解决问题。同时，学习者又会在教师的帮助中学习新的知识和技能，因此新旧知识通过重组形成新的知识体系。

（2）具有引导功能。教师和同伴的"支架"作用能够引导学习者逐渐由较低的认知水平向较高的认知水平发展，进而过渡到更高的认知水平。

（3）促进学习者自主学习能力的发展。学习者在支架理论的指导下，自己发现学习中的问题，自己解决问题，在这一过程中逐渐建构自己的知识框架，有助于自主学习能力的提高。

二、支架式教育理论与英语读写式一体化教学

支架式教育理论有广泛的应用价值，对英语读写一体化有重

第三章　英语读写一体化教学的理论基础

要的启示作用。例如,部分学习者在写作课上有时表现出无话可写或表达缺乏深度、浅显,没有逻辑性的现象,提纲支架可以使学习者避免出现紧张、头脑空白、词汇贫乏、语句简单、思考时间长的情况,能够调动学习者的发言积极性。例如,在"Would you like to graduate earlier or not?"的主题写作中,如果教师只是为学习者提供这样一个写作主题,而没有具体的支架依托,学习者在阐述时往往会逻辑不清晰、理由不充分,讨论过程容易陷入僵局。因此,教师应该为学习者提供如下的提纲支架。

(1) I would like to graduate earlier because… (I want to get married earlier. /college is kind of waste of time.)

(2) I would rather not to graduate earlier because… (I enjoy my college. /I don't want to work earlier.)

支架可以帮助学习者组织语言的框架,激发头脑中已有的认知结构,从而积极思考和发言。

同时,在英语读写一体化教学中,需要遵循以下教学原则。

(一)挑战性

根据维果斯基的最近发展区理论,教师在设计读写任务时要注重任务的挑战性。教师要对任务难度的设定认真把握,在由易到难、由简到繁、由低级到高级的基础上,立足于学生的具体情况和实际水平,适当增加一定的难度。尽管教学过程是以学生为中心,但难度过低或过高的任务内容都是不适宜的。从心理学角度看,难度过低的任务容易使学生产生厌倦、骄傲自满等不正确的学习态度,丧失学习兴趣;难度过高的任务易使学生产生畏惧心理。因此,学习任务的设定应该在学生正常水平基础上适当增加一定的挑战性,利于调动学生学习的积极性,充分激发他们的学习动机,刺激征服欲,从而借助"支架"使"要我学"转变为"我要学"并最终实现"要学好"。有挑战性的任务还能培养学生的自信心和满足感,长久地激发其学习兴趣。

（二）独立性

支架式教育理论主张学习者自己发现、解决问题。因此,在读写一体化教学中,学习者要独自探索知识。教师只是在学习阶段初期起到引导和讲解具体知识的作用,如正确的阅读习惯,不同写作表达句型、表达习惯、语法规则等内容。之后的学习阶段就要求学习者自己记忆、模仿或练习。教师在学习者学习过程中适时地提供支架,对学习者不恰当的学习行为给予纠正。

（三）协作性

支架式教育理论强调合作学习的重要性。一方面,在集体中,学习者多年龄相仿、经历相似、性格兴趣相投、成长环境相近,所以同伴间思想交流阻力小,思想表达理解顺畅,更容易沟通。同伴们之间的合作练习,能够激发学习者的发散思维,从而促进其积极表达。另一方面,教师是知识的提供者,学生的学习也离不开教师的指导和帮助。学习者在支架理论的指导下,自己发现学习中的问题,自己解决问题,在这一过程中逐渐建构自己的知识框架,有助于自主学习能力的提高。

第四章　英语读写一体化教学模式的实施

阅读是语言输入的一个重要来源，是学生获取词汇、获取语言结构与功能知识、获取技能等的重要途径。写作是语言输出的一种重要方式，是学生综合语言运用能力的表现。阅读教学和写作教学是英语教学的两大重要内容，两者之间必然存在着联系，相互影响，相互作用，因此在教学中应注重两者的相互作用，建构相应的互动模式，使两者有机结合，相得益彰。本章就来详细研究英语读写一体化教学模式的实施，涉及读写一体化的视角、读写一体化课堂的设计思路、读写一体化中凸显的问题、读写一体化教学设计等内容。

第一节　读写一体化的视角

阅读是写作的基础。阅读是理解吸收，写作是理解表达，充分吸收有助于有力表达。可见，阅读和写作是互逆的过程。我们应该抓住阅读和写作之间的内在联系，以读带写、以写促读，引导学生把学到的语言知识，悟得的谋篇布局，激发的情感思维自觉地应用到写作中去，达到学以致用的目的。

我国很多学者都考察了读写结合的教学模式对学生阅读能力、写作能力以及写作抽象思维发展的影响，结果表明：读写结合对写作能力的提高，尤其是流利性与语法复杂性的发展，以及写作抽象思维的发展有显著的促进作用。目前，部分教师没有树立正确的阅读教学观和写作教学观。阅读教学和写作教学孤立进行,导致学生由于写作之前缺乏相应的写作指导和必要的写作素材而失去写作的热情和信心。

在实际的教学中,部分教师在处理读和写之间的关系时,所采用的方法比较单调:或是整节课围绕阅读部分,无暇涉及写作部分;或是两者兼顾,但阅读部分的处理过于简单,缺乏方式方法。教师过分强调语言知识的学习,缺少对文本整体的分析和指导,致使学生对语言的掌握只停留在记背一些单词和语法规则上,而不注重消化吸收,不会运用已学的语言知识正确表达自己的思想,没有解决学生写作中存在的根本问题:不善于对文章主题、篇章结构进行总体思考和合理布局。学生的信息输入不足,必然会导致输出的困难。

学生不能有意识地从阅读中汲取可用于写作的语言素材,其结果是阅读与写作脱节,学生不能从阅读中受益,进而提高写作能力。另外,在平时的学习过程中,学生缺乏阅读为写作服务的观念,没有意识到读写能够有机整合,没有养成良好的阅读习惯,不注重阅读文本材料中好词好句的积累,总体写作能力不尽如人意。

为此,教师首先应该树立读写一体化的意识,在常规 45 分钟的课堂教学中,以对文本内容、结构、语言等不同层次的解读为写作铺垫,进行多层次的写作训练来培养学生的书面表达能力。文本的特点是读写一体化的起点。教师应充分利用文本特点有针对性地设计仿写、改写、缩写、创写等形式来提高学生写作能力。

一、基于文本结构的仿写

人教版高中英语选修教材第六模块 Unit 5 第二篇阅读文章 *The Lake of Heaven* 是一篇从导游的视角出发,介绍吉林长白山旅游景点——天池的文章。文章由四个段落构成,分别介绍了吉林长白山的特点、天池的美景、天池的美丽传说及游览天池的美好寓意。该篇阅读文章框架结构明朗,行文脉络清晰,美词佳句迭出,

第四章 英语读写一体化教学模式的实施

是一篇不可多得的学生可借鉴写作的阅读范文。下面以此文为阅读蓝本，精心设计一堂仿写训练课，从"读天池"到"写西湖"。

在阅读部分，教师应该着重解决两个问题，即 reading for structure 和 reading for language。在随后的写作准备阶段，教师让学生主动构建文章结构并通过问题引导让学生分享已有写作资源和积累语言素材。最后，教师让学生当堂习作并及时进行习作评阅和习作欣赏。下面介绍具体的教学步骤。

Step 1：导入

T：As we all know there are many famous scenic spots in China. Can you name some?

S：(Various answers.)

T：Let's watch a video, and try to guess which tourist attraction it is.

S：It is Tianchi.

T：Whoever has been to this place before raise your hand, please! And here is a passage written by a tour guide, introducing this beautiful place to us. Let's see how he made it.

在导入部分，授课教师与学生关于中国名山大川、自然景点的交流，把学生的注意力引导到本课的主题"天池"上来，并且通过视频短片的播放，让学生感受到天池的美，并产生了进一步了解天池的兴趣。带着这种兴趣，学生可以全身心投入对语篇的阅读中去，为接下去的教学步骤——梳理文章框架结构，找寻段落主题要点做好情感上的铺垫。

Step 2：快读

T：The passage is made up of four paragraphs altogether. Please read through the passage quickly and find out the key word in each paragraph.

Para. 1：Changbaishan

Para. 2：Tianchi

Para. 3：story

Para. 4:love romance

在快速阅读部分,授课教师要求学生用一个词来概括每段的主旨要点。这样的教学设计一是培养学生快速阅读文本获取信息的能力和主题思想概括能力,二是教师有意引导学生注意全文的框架结构,为后续的模仿写作做好文章结构上的铺垫。

Step 3:细读

T:Let's look at these four paragraphs again. Which paragraph is longer than the other three? Which paragraph gives us the detailed information about the Lake of Heaven?

S:Paragraphs 1 and 2.

T:So definitely the writer pays special attention to the first two paragraphs. Now let's read paragraph 1 and paragraph 2 once again and use some key words or phrases to summarize the information we can learn about Changbaishan and Tianchi.

Para. 1:Changbaishan

location

impression

feature

purposes to visit

Para. 2:Tianchi

the cause of Tianchi's coming into being

a brief description of Tianchi(area,depth)

the beautiful scenery around Tianchi

在学生剖析各段要点的同时,教师可以引导学生关注这两段文字中值得借鉴和模仿的好词好句,并以板书的形式呈现出来。

be kept in its natural state for people enjoy

vary from … to …

be home to …

a great diversity of …

Many people come to Changbaishan to …

第四章 英语读写一体化教学模式的实施

others come to…

or to…

However, the attraction that arouses the greatest appreciation is…

When you arrive you are rewarded not only with the sight of … but also by the view of…

在学生细读时,教师有意识地引导学生关注文本一、二两段内容。

首先,课文第一、二段文字分别介绍了长白山和天池。通过要求学生概括各段景点介绍的要点,教师可以让学生清楚地了解景点介绍的切入点,为后续的模仿写作做好内容要点上的铺垫。

其次,在引领学生进行段落分析的同时,教师还可以引导学生注意两段文字中的美词佳句和值得借鉴的表达方式,为后续的模仿写作做好语言表达上的准备。

Step 4:写前讨论

T:There is no doubt that Tianchi is a beautiful place we're eager to visit. However, it is too far from here. Luckily, there is another lake of heaven in our Zhejiang province. Which lake do I refer to?

S:The West Lake.

T:Where is the West Lake?

S:It is in Hangzhou.

T:Now you are asked to write a passage with the title "The Lake of Heaven—The West Lake". How would you like to organize your passage? Four students a group, discuss with your group members and build a framework of your passage, and then list the key points you would like to present in each paragraph.

The framework of the passage

Para. 1:the city of Hangzhou:

location

impression

feature

purposes to visit

Para. 2：the West Lake：

how the lake come into being

a brief description of the lake

the beautiful scenery around the lake

Para. 3：story

Para. 4：romances about the lake

T：Since we have built the framework of the passage. I think we should make it appeal to your readers be enriching its contents. Let's see how much you have known about the city and the lake.

As we all know, Hangzhou is a beautiful city, and its beauty has earned it a good reputation of "China's best tourism city". I guess most of you have been to Hangzhou before, so what impress you most? Can you introduce the city to us?

S1：Hangzhou is the capital of Zhejiang Province. It is located in the north of Zhejiang. It is home to Longjing tea.

S2：Because it is China's best tourism city, millions of people come to visit Hangzhou every year.

T：That's true. To tell you the truth, Longjing tea is my favorite, so sometimes I go to Hangzhou to drink a cup of Longjing tea in Meijiawu, enjoying a leisure time. And what purposes do you have to visit Hangzhou?

S1：Since Hangzhou was once the capital of the South Song Dynasty, we have a lot of historical sites to visit.

S2：I go to Hangzhou to eat some delicious food as well as do some shopping.

S3：I go to Hangzhou to admire the beauty of the West Lake.

第四章　英语读写一体化教学模式的实施

T: There is no doubt that the West Lake is the most popular attraction in Hangzhou. Now let's take a closer look at it. What puzzles me most is how it was formed. Who built it? Was it built by the power of nature just like Tianchi?

S: Actually it is a man-made lake.

T: That's it. At first it was a shallow bay, and it was the power of humans that changed a shallow bay into a beautiful lake. Do you know any other information about the lake? Here are some numbers which might be useful. Who'd like to describe the lake by using the given number?

Size: 5.66 square kilometers

Depth: 1 meter to 5.62 meters

Time to walk around the lake: About 5 hours

S: The West Lake covers a water area of 5.66 square kilometers. The depth of the lake varies from 1 meter to 5.62 meters. It almost takes us about 5 hours to walk around the lake.

T: Good! If you really spend five hours walking around the lake, you are rewarded by the crystal clear water as well as the ten famous Scenic Spots. So how about using the sentence pattern on the blackboard (When you arrive you are rewarded not only with the sight of …, but also by the view of …) to describe the beautiful scenery around the lake altogether?

S: When you walk around the lake you are rewarded not only with the sight of its clear water, but also by the view of the Ten Scenic Spots around the lake.

T: Hangzhou is really a city with beautiful scenery, and it is said to be a city of love as well because there are a lot of famous love stories happening around the lake. Can you name some of them? (Lady White Snake and Xu Xian, the butterflies' lovers, Su Xiaoxiao's love story.)

It is such a coincidence that their love stories are all separately involved with the three bridges—Broken Bridge, Long Bridge, Xiling Bridge. And it is said that if you are lucky enough to visit the West Lake, you should go across the three bridges with your loved one, so that your love will have a happy ending.

在这部分的教学活动中，教师将课文话题过渡到新的写作主题，并通过学生小组讨论建构了要写文章的框架结构和内容要点。之后，教师通过问题设计，引导和鼓励学生积极思考，丰富写作内容。同时，学生也能不断地从别人的发言中获得更多的写作资源，并结合课文的语言素材进行及时的内化，为下一步的课堂写作做好充分的预热和铺垫。通过先说后写，层层铺垫，学生写起来就更加迅速和准确，且能弥补口述中存在的内容与表达方面的不足，写前的讨论活动大大降低了写作的难度，提高了学习效率，构成一种"多维互动、合作分享、动态体验"的课堂氛围。

有效的写作教学要帮学生搭建写作内容支架，让学生有内容可写。尽管学生在阅读课文后对仿写西湖的文章有了清晰的结构意识，却写不出内容。这时就需要教师通过问题的形式激活学生原有的信息知识，以"说"带"写"，从而保证教学目标的顺利达成。可见，读写一体化的课型中往往需要讨论环节来承上启下。

读写一体化教学模式中，读是为写服务的。但是在有限的45分钟内如何实现读写的平衡是要求英语教师花时间和心思去探索的问题。只有"读"得恰到好处才能"写"得恰如其分。有目的的阅读才能确保学生有充分的写作时间，在本节课中，考虑到主要的教学目标是仿写结构和语言，所以略去了对课文第三段内容（故事环节）的处理，从而为其余教学环节的顺利开展留足了时间。

二、基于文本语言的改写

人教版高中英语选修教材第六模块 Unit 3 的部分阅读文章

第四章　英语读写一体化教学模式的实施

"HIW/AIDS: Are You at Risk?"宏观上这是一篇宣传 HIV/AIDS 防控知识的海报。从微观来解读,文章的结构比较清晰(由知识—行动—意识三块组成);文本中关于疾病的定义和防控的词汇,尤其是动词的使用比较丰富(weaken, damage, protect, prevent, spread, be infected);但也发现基于本主题的语言范畴内的语块和句子的运用比较普通,清单式的句子比较多,句型不够多样。

通过解读该文本,教师初步制订了本课的设计思路:阅读过程中围绕文本做好主题信息的铺垫输入,并有意识侧重好词好句的提炼及创意改编;写作过程中体现语言的模仿,落实信息的整理和传递。

本课的设计侧重于类话题下基于语言的创写,这一设计的理由如下所述。

(1)结核病是传染病之一,与文本的主题是相似的,可以利用文本中的语言并优化文本中的语言。

(2)结核病的防控意识的提高正好吻合文本的思路和结构。

因此,教师在实践课中紧紧围绕"读"为铺垫、"写"为输出,读写有效结合这一原则。阅读过程中引领学生理解内容信息,优化语言表达,分析文本结构,并关注学生观点,以此为铺垫完成类话题"肺结核防控"的篇章输出。具体的教学步骤如下所述。

Step 1: Global reading with a focus on structure

学生快读全文,关注海报中彩色字体、黑体字及大标题,以初步理解文章的主要信息。本文的标题是"HIV/AIDS: Are You at Risk?",教师借助回答问题的形式,请学生完成三大部分信息的概括,同时也是对文章结构的梳理(海报内容的三个方面),即 basic knowledge, proper behaviors 和 reasonable judgement。

这一教学过程在为后续的写作输出载入"结构输入",让学生明白相似主题(疾病防控)转换文体后(从海报到演讲稿),依然可以从"疾病基本知识""防病正确行为"和"客观合理认识"三方面来阐述。

Step 2: Intensive reading with a focus on language

在结构梳理之后,以问题的形式引领学生寻找重要信息,相关的提问如下:

What is HIV/AIDS?

What are the reasonable judgments towards HIV/AIDS?

由于文本中原来的句式比较单一,教师可尝试引导学生运用文本信息进行句子创编,即用不同的句型(定语从句、强调句、名词性从句、倒装句等)重组文本信息,让学生在理解文本内容的基础上优化句子,鼓励学生用长句、复杂句组织自己的语言。

例如,文本的第三部分以清单的形式罗列了很多对"艾滋病、艾滋病人"不正确的理解。教师在这一内容梳理中鼓励学生根据自己的判断,使用多种句型输出"正确的观点"。

这一设计很好地体现了内容理解、意识修正和语言提升的有机结合。学生在老师的引导下,输出了如下好句。

HIV is a virus which weakens a person's immune system fighting disease.

AIDS is a stage when HIV is progressed to damage a person's immune system so much that your body can no longer fight disease.

The reason why many people carrying HIV look perfectly healthy is that a person doesn't look sick before the disease has developed into AIDS.

The fact is that anyone who has sex with HIV/AIDS risks getting the virus.

It's true that you can't be infected with HIV/AIDS even if you hug, touch or kiss someone with AIDS.

There is no evidence that mosquitoes carry HIV/AIDS.

借鉴语言就是要求学生将阅读中积累的词、词块、句运用到后续的语言输出活动中。在课堂设计的输出部分,当学生回答"What is TB?""What are the protective behaviors against TB?"

第四章　英语读写一体化教学模式的实施

时,教师期待学生不仅能使用其中的主题词汇,如 weaken,damage,protect,prevent,spread,be infected 等,更希望学生能不拘泥于原文本中的句式,尽可能地在已学语法知识的支撑下敢于挑战自己,能合理地使用一些含有从句的复杂句子,使输出任务在内容完整的基础上更有语言的高度。

在这一实践中,教师侧重引领学生基于文本内在信息,运用定语从句和名词性从句等来优化句子,而这仅是立足于该文本而确立的基于语言的一种创写策略。当然句子的优化还有很多策略,不可能在一节课内实现很多的策略和目标,而应当因文而异,因时制宜,长期有序地实践。

可见有意识地进行某一方面的写作技巧的点拨是日常教学中十分必要的和可操作的,让文本信息与语法有机结合,提高学生的语言输出质量,从而提高学生写的能力,而不是等到写时学生手足无措、教师方恨策略传授太少。其实,英语的综合能力提高有赖于平时每个教学环节有意识地设计和实施。

Step 3: Writing about a similar topic with a chance to practice language

教师给出一些预防结核病的常见方法,先让学生进行阅读和熟悉。

Cover your mouth and nose while coughing or sneezing.

Open the windows more often to let in fresh air and sunshine to kill the virus.

Taking regular exercise and developing a balanced diet help us stay strong and free from TB virus.

最后的写作任务如下:

Writing

Our City Tuberculosis Prevention Month lasts from March 15th to April 15th, in which various activities are held to promote the programme. You will be invited to make a speech about "Tuberculosis Prevention" on March 24th, the World Tuberculosis

Prevention Day.

Your writing should cover the following 3 points:

What is tuberculosis like?

How is tuberculosis spread?

What can we do to prevent it and stay healthy in our daily life?

这三个写作的要点与阅读中的"疾病基本知识""防病正确行为""客观合理认识"相一致。围绕 basic knowledge, proper behaviors 和 reasonable judgments 这三方面，利用真实的情景或生动的图片激发学生的思维，铺垫文本中已有的语言并优化文本中可以改进的语言，为学生更好地完成写作任务做好充足的准备。

当转移到类话题时，在课堂实践中我们发现，对于学生的能力不可太高估，能力培养应当遵循循序渐进的原则。先议再写是为"写"做好内容的铺垫，是为学生的语言输出搭好支架。如果没有充实的铺垫和牢固的支架，学生就会怕写或写不好。先有语言、内容和观点的口头输出，紧接着写的输出就自然顺畅多了。

首先，关注有重点的铺垫。读写结合课与其他课的区别在于这里的阅读终极目标是为了更好地写。因此怎么读、读什么是教师需要思考的重点。一切读的设计都要紧紧围绕写的输出并为其服务。如果读的目的不明确，或者太面面俱到，那么对写的输出就无利可言：要么读与写脱节，要么读得太多而写的时间不够。

在读写课中，我们应当不拘泥于以往阅读课的模式，有时要敢于跳出"套路式"的阅读框架，目的是为写的输出找到台阶和空间。同时需要真正站在以学生为主体的高度，而非站在某一技术层面的局部高度。换句话说，全方位的铺垫没时间和空间，那么有重点、有侧重的铺垫（侧重语言、思维、结构、情感等）是需要努力的。

其次，关注思维。读写一体化教学课的开展，关注读的数量和质量，并有选择地重点读理所当然是十分重要的。因为读是为写做好"语言"和"内容"的铺垫。但我们都知道，书面表达不仅是

第四章　英语读写一体化教学模式的实施

信息的传达,也是情感的传递和观点态度的表达。

因此,即使是读写整合课型,恰到好处地渗入评判性阅读是必要的,因为除了读语言、读信息,我们还要读出情感,培养思维,那么读写中的读才能为写的任务做好多维的铺垫(语言、结构、情感、思维),帮助学生写得更自然、更丰富、更有个性。

再次,关注写作任务设计。读写一体化课的特点还体现在读的内容是固有的文本,而写的内容是要教师创编设计的。这给教师提出了读写一体化课的更高要求:写得有依据,写得有意义,写得有思想。

此案例就时间点上来讲,采用了类话题"结核病的防治"。优点在于话题适时地联系了学生的体验,让学生有话可说,而且主题意义在循环中得到拓展。但是也要反思这样一个问题:如果把"艾滋病防控意识"这个主题深化和提升进行到底,也会有另一条可以创新的途径来体现文本阅读后语言、结构、观点、情感等的创作。

最后,关注写作质量。实践课让教师深深地体会到要学生在45分钟里既要读又要写,写的任务很有可能完不成,那写的篇幅就值得思考了。我们的读有重点、有选择,那么我们的写在一节课里不可能把写作的技能都体会和学会,写作的能力提高应该贯穿于我们短期或长期的有意识、有目的的读写结合课里。因此一节课内的写也要体现它的意义。写语言、写内容、写结构、写情感与态度、写评议、写思想——可以渗透,可以部分结合,更可以尝试侧重。写句子、写段落、写篇章——我们可以选择并实践。

侧重于文本语言的创写仅仅是读写一体化课型的沧海一粟,更多的策略需要我们去探索和实践。然而最终的英语写作技能教学,只能侧重于某个角度,不能孤注一掷地独立某个视角,比如就仿语言,单讲结构,或只看观点。英语的写作从一个整体来说是一个立体的工程,因此涉及语言、内容、思维、观点、情感等多方面。而作为引导学生写作的教师,在单位时间里可以根据年段和学情,分步实施,逐渐推进。

三、基于文本思想的观点描述

人教版高中英语必修教材第五模块 Unit 5 Using language 的 *Heroic Teenager Receives Award* 主要内容讲述了 17 岁的青少年 John 勇敢救助被歹徒刺伤的邻居的故事。篇章不长，但是故事情节完整，与一般故事有别的是文章的开头有 headline，文本中间夹杂了对故事人物的评价，尤其是运用了好的句式点明了作者对故事人物的评价和赞赏。例如：

It was John's quick action and knowledge of first aid that saved Ms Slade's life. There is no doubt that John's quick action and the first aid skills learned at school saved Ms Slade's life. A knowledge of first aid can make a difference.

可见，文本除具有阅读课本身的策略培养外，还赋予了读者更多思维和情感态度的熏陶。透过文本承载的思想——乐于助人，作为读者，我们还可以联系特定的情境，深入思考与探讨：

Should we still give first aid in a dangerous situation? While giving first aid, remember to protect oneself.

通过这样的拓展思维可以使学生理解文中渗透的救助他人、保护自己的情感态度。把该课的"读"落实在文本故事、作者评价、读者反思这三个方面，结合词、句和观点的教学展现侧重于"思维和情感态度"的读写结合课型的特点。

本课在阅读部分主要运用四个 what 提问的方式，这四个问题由近及远，从思维上来看层层深入，回答问题的同时既是学生阅读理解的反馈，同时也是学生思维反应和情感态度体现的阶段，如追问"What else is it that saved Ms Slade's life?"学生根据对故事的理解激发他们不同的思维和表达；而对于最后一个问题，学生可以联系生活实际，站在 John 父亲的角度分析出父亲的情感除了自豪（pride）可能还有后怕（fear）：担心的是儿子当时的生命安危。

第四章　英语读写一体化教学模式的实施

再追问学生：如果你是孩子的父亲，在赞赏的背后你还会给出怎样的叮嘱。其实这个问题的反思尽管没有正确答案，但重要的是学生思维、情感、态度的表现，同时也是教师作为长辈引领孩子进行乐于助人并珍爱生命的情感和态度的思维分析。

（一）读写一体化视角中读的重点

(1) What happened to John's neighbor?

A shocking knife attack (be stabled repeatedly, be bleeding heavily, be almost cut off).

(2) What was it that saved Ms Slade's life? (What else?)

It was John's quick action and knowledge of first aid that saved Ms Slade's life.

It was John's bravery and kindness that saved Ms Slade's life.

John's quick action: rush outside/immediately ask

John's knowledge of first aid: treat the most severe injuries/apply pressure to the wounds

(3) What did people think of John's brave deeds?

There is no doubt that John's quick action and the first aid skills learned at school saved Ms Slade's life. A knowledge of first aid can make a difference.

(4) What did John think of his own action?

value one's own life

life comes first

life is more precious than award

If you can't reach it, call for more help

（二）读写一体化视角中写的输出

假如你是父亲，结合 John's action, John's first aid, Your concern 谈谈 John 勇敢救人的过程，以及你对 John 的建议。

119

范文如下。

The morning when John was studying in his room, he heard a scream and rushed outside. To his shock, he found our neighbor Ms Slade lying in her garden bleeding heavily after being stabbed repeatedly.

What's worse, her hands were almost cut off. John immediately treated the most severe injuries and applied pressure to the wounds. There was no doubt that John's quick action and the first aid skills learned at school saved Ms Slade's life.

A knowledge of first aid can make a difference to life. However, as John's father, I am still worried about my son's safety, for fear that the knife attacker would return and attack anyone who helped the injured woman.

I really appreciate my son's action, meanwhile I hope John remembers to protect himself while saving others, and asks for more help, especially in time of danger.

本课例根据读写一体化的课题研究,除了阅读重点信息和关键句型外,更重要的是关注了学生思维的培养,如"What else do you think it is that saved Ms Slade's life?"以及利用父亲这个角色重新审视这个救助他人背后的关注点:在帮助别人的同时要记得保护自己的安全。读的过程以层层递进的问题为载体概括文本的主要信息,关注文本承载的人物情感和态度,最后跳出文本联系父亲的角色延伸对救助和生命意义的再思考。以上几个重点步骤既是读的过程,也是写的铺垫。最后请学生以"父亲"的口吻复现故事情节,并抒发情感。

如果说写作输出的前半部分是文本内容的一次整合和复述,那么该课例中写作输出的第二部分主要侧重于训练学生的思维和鼓励学生的观点表达,体现了读写一体化中侧重于评判性思维和情感态度的一个视角,并以书面的形式达成输出。

第四章 英语读写一体化教学模式的实施

第二节 读写一体化课堂的设计思路

在英语读写一体化课堂中,输入就是"读什么""怎么读",输出就是"写什么""怎么写"。在设计思路上,可以大胆逆向设计:在文本解读的基础上先思考"写什么"以及"怎么写",然后再考虑"读什么",以及"怎么读"。为了"写什么",就要有针对性地去指导学生"读什么";为了"写什么",教师就应当引导学生如何去写,即"怎么写",因此也要引导学生用什么方法去读文本,即"怎么读"。

读写一体化必须要以阅读为铺垫。阅读材料的解读是读写一体化的起点。读写需要基于对文本多层次、多维度的深层解读。解读的层次包括语言(词汇、语法、结构)、内容(话题、主题、信息)以及思维(篇章、角色、修辞),甚至包括情感与态度。

教师要善于发现文本闪光的地方。阅读材料本身如果文本结构很好,则可以仿结构;另外,需要注重对话题语言进行提炼,通过设计仿写、改写、缩写、创写等形式让学生体验、运用已学知识来提高语言综合运用能力。即使是像海报、戏剧这样的特殊文体,也能找到读与写的最佳结合点,引导学生进行富有创意的写作训练。这样,写才能完成对阅读的"反哺"作用,读和写才真正整合在一起。

一、文本结构的剖析与模仿

文本的结构是作者为表现主旨而对写作材料进行精心构思安排的结果,是文章部分与部分、部分与整体之间的内在联系和外部形式的统一,是行文思路的具体体现。阅读时把握住了文本的结构,才有可能真正理解文章;同样,写作时也只有把握好了文本的结构,整体谋篇布局,才能真正做到思路清晰、行文流畅。

以模仿篇章结构进行写作(结构仿写)为目的的读写一体化课堂中,首先在"读"时要关注并分析文本的结构。结构是文章的"骨架",是谋篇布局的手段,是运用材料反映中心思想的方法。对结构的分析,可从解读标题、辨别文体、浏览首句、思考主题、概括每段主旨、关注过渡与衔接等方面进行,梳理文章内部段与段、层与层之间的关系以及段落与语篇之间的结构层次。

一般来说,语篇就是一系列连续的话段或句子构成的语言整体。从形式上来看,它既可以是小说、诗歌,也可以是文字标志(如交通标志);既可以是众人交谈(multiperson interchanges),也可以是对话(dialogue)或独白;既可以是文章,也可以是讲话。

从篇幅上来看,它既可以洋洋万言以上,也可以只包含一两个句子。可见,无论是一本文稿、一份科研报告、一封书信、一张便条,还是一次记者招待会的问答、一场论文答辩、一次谈话、一句问候,都可以构成语篇。无论语篇采取哪种形式,都必须确保语义的连贯。具体来说,这种连贯既指语篇内部在语言上的连贯,也包括与外界在语义上和语用上(semantically and pragmatically)的连贯。此外,语篇还必须合乎语法。

除连贯与语法之外,语篇内的句子之间应保持一定的逻辑联系,从而使语篇拥有逻辑结构或论题结构。正是在这一结构的基础上,语篇中的句子、话段才能组织在一起。一般认为,单句是语篇分析的最小单位,因此在大多数语言学家看来,语篇分析应该是超句法分析。

在通常情况下,一个以上的句子或话段可以构成语篇,且语篇不仅具有交际上的独立性,还具有句法上的组织性。然而,交际上具有完整性的单句语篇(one-sentence/-utterance text)也是存在的,如提示语 No smoking(不准吸烟)。

在这一阶段,教师教学的主要目的如下。

(1)让学生对语类及相关主题的语篇能够清楚地了解和把握。

(2)让学生对语类结构与结构潜势有深刻地了解。

第四章　英语读写一体化教学模式的实施

(3)让学生对语篇语境有清楚地把握。

(4)让学生对交际目的、交际功能有清楚地了解。

在这一阶段,教师需要完成如下步骤的工作。

(1)通过分析语篇,向学生传达与语类相关的知识。

(2)通过分析语篇,让学生感受到与语类相关的词汇、结构等,分析这些词汇、结构等如何表达主题。

(3)通过分析语篇,让学生感受语类的社会意义。

具体来说,教师在这一阶段可以安排如下几种具体的活动。

(1)教师为学生阅读一遍语篇。

(2)教师与学生一起阅读语篇,可以是教师领读,也可以是轮流阅读。

(3)教师引导学生根据语篇的内容,对相关社会与文化背景进行推测,如作者写作语篇的目的、所处的时代等。

(4)教师让学生回忆他们在其他时间学过的类似的语篇,并组织学生分小组交流语篇的主要观点、主要内容等。

(5)教师组织学生分析语篇的结构与框架,如语篇由几个段落构成、这些段落是如何进行连贯的等。

(6)教师或者学生寻找一些类似的语篇,对语类结构的阶段方法进行训练。

(7)教师以语类为基础,引导学生对一些规律性的语法模式进行总结与归纳。

(8)教师引导学生思考语法模式与语类的关联性。

在"写"时,教师应给学生布置相应的写作任务,指导学生在拿到写作任务时,首先要确定主题和文体,考虑如何谋篇布局。有了之前对文本结构的剖析,学生对文本的结构构建就有了一个基本的框架。据此对文章的整体结构进行模仿,再运用恰当的语言表达,从而实现学生对该类文体的整体架构能力。其实,写作的过程,尤其对学习者而言,就是从模仿到熟练、再到创新的过程,在模仿中激发写作灵感,激活创新思维。

二、话题语言的提炼与运用

话题语言是基于某一文本主题的核心语言。英语教材是英语课程资源的核心部分，涉及话题多样，语言真实，能激发学生的学习兴趣，开阔学生的视野，拓展学生的思维方式，本身就是一个丰富的英语写作素材库。在读写一体化模式的课堂教学中，学生应基于对文章主题、篇章结构的总体把握，运用已学的话题语言正确表达自己的思想，进而提高书面表达能力。教师应引导学生做好核心话题语言的提炼，并从多角度积极创设该话题下类真实情境，让学生灵活运用当节课所学的话题语言，联系生活实际，通过读与写实现对话题语言的循环提升。

所谓相关的话语范围知识，主要包含与主题相关的各种社会知识与文化知识。在传统的写作教学中，这一环节未引起重视。在这一阶段，教师需要完成如下步骤。

(1)引导学生学习和掌握与话语范围相关的知识，可以通过交流形式，让学生对其他学生的相关经历有所了解。

(2)对与话语范围相关的双语语言进行比较，尤其是不同语言的异同点，从而了解这些语言背后的文化背景，以及文化背景对话语范围所产生的影响。

(3)对与话语范围相关的词汇及表达形式进行列举、选择与整理。

具体而言，教师可以引导学生开展如下教学活动。

(1)教师提前为学生准备一些与话语范围相关的语篇，让学生对这些语篇进行比较与探讨，以便于学生发现不同语言的异同点。

(2)在课堂上，教师组织学生探讨自身的经历，如旅游经历，可以让学生对自己旅游过的地方、乘坐的交通工具等进行描述。

(3)为了让学生对主题有更深刻的感受，教师可以组织学生参与与主题相关的活动，如讨论购物主题时可以让学生亲自去超

第四章　英语读写一体化教学模式的实施

市购物等。

（4）教师安排学生准备一些与主题相关的物品，如实物、照片、视频等。

（5）教师让学生从写作的角度来认真阅读语篇，并对语篇中的语言符号、辨别意义等有所了解。

（6）学生在阅读语篇的过程中，将自己遇到的生词等进行归纳，并将这些新词与已学内容相联系。

三、情感态度的引领与内化

在读写实践中，阅读作为写作的铺垫和支架，应该是多维度、多层面的。支架可以是语言，也可以是情境、信息或知识，甚至涉及学习策略和情感等方面。也就是说，要完成写作任务，仅仅依靠掌握语言和结构是不够的。教师在解读文本时要有意识地引领学生体验文本所蕴含的情感态度价值观。只有如此，学生在写作时才能融入自己的真情实感及正确的态度。只有情感态度到位了，作品才会有吸引读者、感染读者的力量。

四、主题思维的激发与提升

阅读教学不能仅停留在对文本信息的准确解读层面上，还应当从思维的深度上引领学生认识和评价文本，使文本的解读更多元。读写一体化课型兼顾阅读和写作，写什么、怎么写十分重要。除了运用文本的语言、结构、话题等方面设置写的内容外，也应当有目的地围绕主题激发学生的思维。

从读写一体化课型的目的来看，借助"读"，读出语言、内容、结构以及情感态度，再侧重主题的某个方面来提升学生的思维品质，进行写作的输出。写作是一个结合语言、内容和思维的过程，因此围绕文本主题激发和提升学生思维会对后续的学生写作起到重要的铺垫作用。在考虑学生输出"做什么？""怎么做？"的时候,不妨追问一个"为什么?"。

每个文本都有很多思维的激发点,教师要引导学生寻找基于文本主题的、依托文本语言的要点,同时鼓励学生表达评判性思维的观点。如果这些方面能有机结合,那么读写一体化中关注主题、侧重思维的输出就更有意义。

把教材中情感的因素、思辨的因素挖掘出来并利用好,充分体现"文以载道"的内涵,借助文本语言工具性(包括知识)来实现人文性(包括思想、态度、情感、价值观等)的目的:学生在会阅读的基础上、提高写作能力的同时,得到心灵的给养、情感的积淀和思想的提升。

第三节 读写一体化中凸显的问题

读写一体化教学模式在实施过程中需要注意其中的一些凸显问题,如读与写在时间分配上的问题、读与写的一致性问题、读的量与写的质的平衡问题。教师只有合理解决这些问题,才能更加有效地完成读写一体化教学,从而达到提升学生读写能力的教学目的。本节就针对这一内容展开详细分析。

一、读与写的时间分配问题

读写一体化课型需要在短短的一节课上既要处理"读",要读到位,为后续的"写"做好多层次、多维度的铺垫;又要处理"写",要给足学生时间来体验写作,甚至在课堂上要预留时间进行学生自评或教师点评,那么时间的把握就显得非常重要。

阅读的时间不足,会导致铺垫不够充分,无法体现阅读对于写作的铺垫作用。学生在没有高质量输入的情况下,难有高质量的输出。因而,教师在读写一体化课中应充分开展阅读活动,做足铺垫,避免上成纯粹的写作课。

第四章 英语读写一体化教学模式的实施

反之,阅读如果占据过多的时间,会导致当堂写作时间不够充分,学生没有足够的时间去构思写作思路和斟酌用词,最终产出的文本质量不高,甚至刚要动笔,下课的铃声却已经响起,整堂课只能算是常规意义上的阅读课,而不是读写一体化教学的课堂。

可见,教师是否能恰到好处地把握读与写的时间是一节读写一体化课成功的基础。只有"读"得恰到好处,才能"写"得水到渠成。

二、读与写的一致性问题

读写一体化的重点就是以阅读为语言输入形式,在写作中运用输出语言,所以语言的输入与输出必须保持一致。也就是说,读后语言输出活动设计的第一要素便是紧扣阅读的话题,其次才是讨论主题对于学生的熟悉程度以及对学生兴趣的激发。

紧扣阅读的话题设计写作任务,能够给学生足够的支架或铺垫,能够保证阅读文本中出现的重点词汇的运用,即体现了输入与输出的一致性,在某种程度上给了学生更多的完成写作任务的信心。

然而,在很多的教学课例中,教师没有注意到这一点,出现了输入与输出不一致的情况,使得阅读无法起到应有的铺垫作用,不利于学生写作活动的开展。另外,学生无法意识到阅读服务于写作、铺垫有助于输出的重要性,这显然不利于学生写作能力的提升。

三、读的量与写的质的平衡问题

读写一体化,即输入与输出的有机结合。输入是铺垫,输出是生成。输入与输出之间的平衡是评判输入与输出活动是否有效的关键。在实际的教学过程中,输入与输出的平衡问题主要存在于两大方面。

（1）输入的量是否充足以保证输出的质？

（2）输入的量是否越大越能确保输出的质？

研究证明，如果输入的量不够充分，便不能保证输出的质；反之，若输入的量太大，则影响输出的质。

在读写一体化的课堂实践中，如果输入环节的量不够充分，很难保证输出的质。因此，教学中教师应注重输入的量，无论是从语言方面（词汇、句式等）还是从文本信息方面（主题、结构、文体等），都需要做好充分的铺垫，才能为后续的输出活动做好相吻合的支撑，从而保证输出的质。

那么，是不是输入的量越大，对输出的质就越有保证呢？事实上并非如此。课堂时间是有限的，课堂输出任务是有目标性的，如果输入的量过密，输出活动就会显得肤浅；如果输入的量过散，学生在内化过程中就无法汲取有效信息和语言知识进行自我建构活动。这些都会影响学生的课堂即时生成，导致读写一体化课的预定目标难以实现。

第四节　读写一体化教学设计

教师在设计与实施读写一体化教学模式的过程中，需要考虑的两个重要层面就是自主学习、合作学习，而这两个层面对学生的主动学习意识要求较高。在设计读写一体化教学模式时，教师可以在学期一开始就安排学生进行分组，让他们自愿组成小组并给予固定。

一、课前任务的设计

在课前，教师可以为学生准备两篇或者三篇阅读文章，首先让学生进行自主阅读和学习。教师最好不要先入为主地为学生

第四章　英语读写一体化教学模式的实施

分析这些阅读材料,从而避免限制学生自我学习和想象的能力。

对于阅读材料,教师可以在一定程度上引导学生掌握以下层面的内容。

(1)阅读材料的主题思想。
(2)阅读材料的论证形式。
(3)阅读材料的修辞特征。
(4)阅读材料的隐含意义。
(5)阅读材料的语言风格。
(6)阅读材料的情感体现。

此外,教师还需要启发学生通过多种学习策略来深入分析阅读材料,如情感策略、认知策略等,进而让自身学习和吸纳多种不同的观点和看法,形成高水平的评价标准,还可以激发学生挑战权威、提炼概括的能力。

二、课堂环节的设计

在课堂授课的过程中,教师首先需要具有的意识就是与学生建立一种平等关系,进而通过多种不同的形式展开师生互动。例如:

(1)学生展开集体讨论。
(2)教师为学生展示附加资料。
(3)不同小组之间进行答辩。
(4)教师为学生解决疑难问题。

在上述多种形式中,教师需要将反思、评判这两种核心的技能融入课堂的授课过程中。教师还可以让学生来提供主题,通过集思广益,为学生准备阅读材料,进而挖掘每一篇阅读材料中能够令学生借鉴的读写技巧,将这些技巧通过大量的实践来融入学生的知识系统与能力体系中。

毋庸置疑,阅读技巧与写作技巧之间的关系是十分紧密的,因而教师在设计教学时应该将两者融合为一体。例如:

(1)在讲解词汇时,将阅读的语境识词、构词法等技巧与写作中的选词技巧相融合。

(2)在分析句子时,将阅读技巧中的识别、理解中心思想与写作技巧中的主题句相融合;或者将修辞技巧如比喻、矛盾、对比等与写作中的增加文采技巧相融合。

(3)在分析段落、篇章时,将阅读技巧中的识别支撑细节与写作技巧中的围绕主旨论证相融合。将阅读中的段落以及段落发展关系的技巧应用于写作的具体过程中。

此外,英文阅读材料中往往会涉及大量的西方文化,对于这一部分内容,教师可以为学生安排一些专题讲座,同时为学生提供相关的网站或者视频,从而为阅读材料提供充分的知识补充。

读写一体化教学设计的具体流程可以用图 4-1 进行表示。

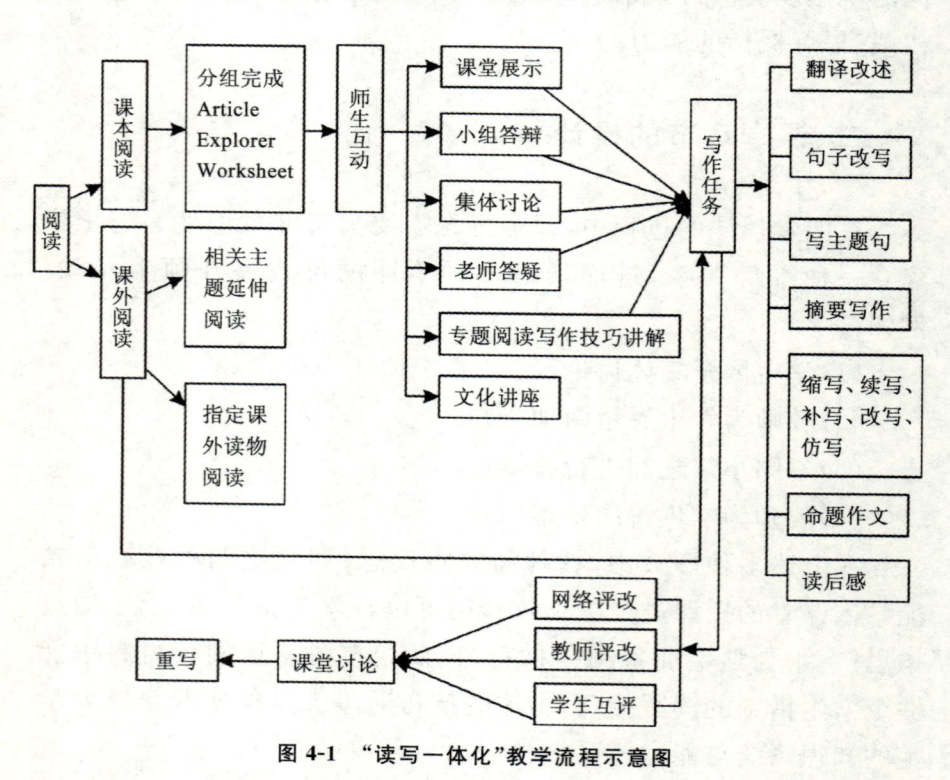

图 4-1 "读写一体化"教学流程示意图

(资料来源:付强,2014)

第四章　英语读写一体化教学模式的实施

接下来,教师应该安排学生进入具体的写作阶段。在这一阶段,教师应该根据之前的阅读材料、延伸阅读材料的主题为学生设计写作任务,具体内容如下所述。

(1)为学生安排大量的写作练习,如遣词造句、改述或者改写句子、翻译句子、写出文章主题句、对文章主题进行概述等。

(2)针对阅读材料,学生进行缩写、改写、续写、换位写、补写、仿写等练习。

(3)不为学生限定题目,让学生根据本课所讲的阅读材料进行自由写作,可以充分发挥他们的主观能动性。在具体的写作过程中,学生可以去网上搜索一些相关的参考范文,遇到自己不能解决的问题也可以求助于教师。

三、课后评价的设计

在学生完成写作任务之后,首先可以将自己的文章提交到网上,通过一些作业批改网进行批改,改正作文中的基本错误。这样一来,教师的工作任务就得到大大减轻了。另外,有一些在线批改网站还提供了学生之间展开互评的功能,学生也可以由此实现小组内相互批改作文。不过,由于在线批改的功能毕竟是有限的,因而教师最好可以对学生的作文进行抽查批改,同时找出几篇典型的范文,让全体学生阅读和学习。

综上所述,读写一体化教学模式的优势是显而易见的,然而这一模式也不是完美无缺的,还需要在以后的实践中不断充实与完善。

第五章 英语读写一体化教学模式之自主学习

教育教学的目的是培养学生独立思考的能力和自我管理的能力,从而为学生未来的独立学习提供所需要的技巧与能力。这就是说,教育教学的目的是培养学生成为独立、自主的学习者。在英语读写一体化教学模式中,自主学习的实施也有着重要的意义。本章就对此展开分析。

第一节 自主学习简述

自主学习的思想是相对于被动教学条件下的学习而提出的,主要指的是学习者懂得主动参与教学过程,并积极阐释所学信息,懂得利用课堂知识解决现实生活中的问题。本节就对自主学习的定义与特征展开分析。

一、自主学习的内涵

在我国新一轮的基础教育课程改革中明确提出要学生从被动、依赖的学习方式转变为主动、积极的学习方式。在知识经济时代的影响下,人们的学习观念与学习方式也在不断进行着革新。自主学习在人们的生活和工作中发挥着越来越重要的作用。在英语读写一体化教学模式的应用上,自主学习也备受关注。下面就从自主性的概念出发,对自主学习的内涵进行总结。

第五章　英语读写一体化教学模式之自主学习

（一）自主性的概念

自主性的概念最早可以追溯到古希腊时期，是作为一个哲学概念被提出的。由于人类具有自主性，是自主的社会存在，因此才能克服自然的束缚，和自然进行不断抗争与搏斗，最终进行积极地改造满足自身的需求。

需要注意的是，人类社会中的自主性，是相对于强制性、被压迫性和被压抑性来说的。自主性的存在表明人类在社会关系中的地位，表现出人类的自觉性、自为性状态，是人在改造客观世界的活动中有目的地选择支配、控制这种改造活动及其结果的能力和权利的统一。[①]

自主性是人类的本质特征，是人类主体地位的体现，体现出人类具有支配自己的权力与责任。除此之外，自主性也表明社会人自主生活和发展的属性，表现出社会人要成为世界和自己命运主人的态度。

从教育的角度对自主性展开分析，其指的是个体的独立性以及不受他人控制的能力。但是，人类的自主，是程度上的问题，也就是说人们只是在生活的部分领域能够决定自己的想法和做法。学者皮亚杰指出，自主分智力方面和道德方面，智力自主涉及的是真与伪的问题，道德自主的反面是他律，他律意味着他人管理自己。

综上所述，自主性指的是人类的品格特征，带有两个方面的内容。对内的自主性指的是个体自身的具有独立性与主动性，能够积极建构自己的主动态度和鲜明的独立人格；对外的自主性指的是个体在社会生活带有责任感、自律性。具备自主性的人，能够在社会中摆正自己的位置，具有独立、自主的意识，同时认识到自主是在一定范围内的自主，应该在社会道德、伦理、法规的范畴内活动。

---

① 王鹤.教育信息化背景下的大学英语自主学习探索[M].北京:经济管理出版社,2016:44.

(二)自主学习的定义

由于学者对自主学习有着不同的研究立场与研究方法,同时对于自主学习的基本问题还存在着很大的争议,因此想要给自主学习下一个统一的定义十分困难。

亨利·霍莱克(Henri Holec,1981)是最早进行自主学习研究的学者。他认为,自主学习是指"对自己学习负责的一种能力",这种能力并不是天生的,而需要利用自然途径或者专门学习才能获得。霍莱克认为自主学习能力表现出以下五个方面的内容。

(1)确立学习目标。
(2)确定学习内容和进度。
(3)选择方法和技巧。
(4)监控学习过程。
(5)评估学习结果。

迪金森(Dickinson,1987)对自主学习定义的分析是从学习的进程方面考虑的。他认为自主学习者应该承担的学习责任包含以下几个方面。

(1)决定学习什么。
(2)学习方式为个人学习。
(3)学习者选择学习进度。
(4)学习者决定何时、何地进行学习。
(5)学习者选择学习材料。
(6)自我监控。
(7)自我测试。

齐莫曼(Zimmerman)关于自主学习的定义带有代表性。他指出,当学生在元认知、动机和行为三个方面都是一个积极的参与者时,就可以认为其学习带有自主性。在不断研究的过程中,齐莫曼建立了一套具有特色的自主学习研究体系,如表5-1所示。[①]

[①] 转引自庞维国.自主学习——学与教的原理和策略[M].上海:华东师范大学出版社,2003:3.

第五章　英语读写一体化教学模式之自主学习

表 5-1　自主学习的研究框架

科学的问题	心理维度	任务条件	自主实质	自主过程
为什么学	动机	选择参与	内在的或自我激发的	自我目标、自我效能、价值观、归因等
如何学	方法	选择方法	有计划的或自动化的	策略的使用等
何时学	时间	控制时限	定时而有效	时间计划与管理
学什么	学习结果	控制学习结果	对学习结果的自我意识	自我监控、自我判断、行为控制、意志等
在哪里学	环境	控制物质条件	对物质环境的敏感和随机应变	选择、组织学习环境
与谁一起学	社会学	控制社会环境	对社会环境的敏感和随机应变	选择榜样、寻求帮助

（资料来源：庞维国，2003）

纽南（Nunan）将自主学习分为意识（awareness）、投入（involvement）、参与（intervention）、创造（creation）以及超越（transcendence），每个阶段都是从"内容"和"过程"的维度进行详细的阐释。[①] 具体如表 5-2 所示。

表 5-2　纽南对自主学习的分类表

阶段	内容	过程
意识	对所学内容和目标有意识	能够识别教学任务中的学习策略并能识别自己偏好的学习方法
投入	有能力选择学习目标	做出选择
参与	有能力监控、调节学习计划中的学习目标和学习内容	监控、调节学习任务

[①] Nunan, David. "Designing and Adapting Materials to Encourage Learner Autonomy" [A]. *Autonomy and Independence in Language Learning* [C]. Benson, Phil and Voller, Peter. London: Longman, 1997: 192－203.

续表

阶段	内容	过程
创造	主动制定学习目标	主动制定学习任务
超越	超越课堂内容,并能在课堂知识与课外知识建立联系	超越学习者的一般能力

除了上述列出的定义之外,还可以从不同学派的角度对自主学习的定义展开分析。

认知建构主义学派的代表弗拉维尔认为,自主学习实际上是元认知监控的学习,是学生根据自己的学习能力、学习任务的要求,积极主动地调整学习策略和努力程度的过程。

维列鲁学派的代表维果斯基认为,自主学习本质上是一种言语的自我指导过程,是个体利用内部言语调节自己的学习的过程。

社会学习理论学派的代表班杜拉认为,自主学习本质上是学生基于学习行为的预期、计划与行为现实之间的对比、评价,来对学习进行调节和控制的过程。

操作主义学派的代表斯金纳认为,自主学习本质上是一种操作行为,它是基于奖赏或惩罚而做出的一种应答性反应。

自主学习还能从广义与狭义两个角度进行界定。从广义上说,自主学习是指人们利用不同的手段与途径进行的具有目的性、选择性的学习活动,是为了实现自主的发展;从狭义上说,自主学习是学生在教师的指导下,自觉进行能动性、创造性的学习,目的是实现自主发展的教育实践。

狭义的自主学习主要发生在学校教育的范围内,本书中进行的自主学习的研究也是从这个角度出发的。自主学习能力是在学习过程中学习者的综合学习能力——拥有知识和必要的技能,使学习目标得以有效地实现。学习者应该具有自主学习的能力和意愿,从而实现自主学习。[①]

---

① Littlewood,William. An Autonomy and a Framework [J]. *System*,1996,(4):427—435.

第五章　英语读写一体化教学模式之自主学习

在英语读写一体化教学模式的实施过程中,教师应该培养学生的自主意识,促进学生进行积极主动的学习,让学生能够自我完善与发展。但是,自主学习不能仅仅局限在学习技巧和知识的学习上,教师还需要激发学生内心的自我了解与改进,让学生的元知识、内部动机都能得到发展。

二、自主学习的特征

由于中西方学者对自主学习的定义不同,对自主学习的特征也存在明显的差异。但是综合来说,也存在着一些共性,主要表现为以下几点。

(一)自主性

个体都是带有自主意识的,具备独立的个性,能够自觉能动地进行自主活动。

在自主学习的过程中,学生充当学习的主体,具备主体意识,能够自觉、主动地投入学习过程中,掌握适合自己的学习策略和学习方法,对自身的学习活动进行调节,并能进行有效的自主评价活动。具体来说,学生的自主性体现在以下几个方面。

(1)学生具有独立的主体意识,对自己有清楚的认识。

(2)学生在学习过程中有明确的学习目标和积极向上的学习态度。

(3)学生能够在教师的指导下独立进行教材的学习和理解,并可以将所学内化为自己的知识。

(4)学生能够充分利用自身和外界的积极因素,主动地认识学习和接受教育的影响,从而达到预期的学习目标。

(5)学生能够自主支配自身的学习活动,并进行调节和控制,最终发挥自身的潜力。

教师是学生自主性发挥的重要引导因素,因此应该注重挖掘学生的学习潜力,采用新型的教育手段促进学生自主的发生。

(二)开放性

在自主学习内涵的影响下,决定了自主学习具备开放性的特征。这种开放主要指的是学习内容、时间、空间、方式、组织形式等的开放。也就是说,学生在开放的学习环境下,利用教师的指导,能够自主控制自己的学习活动。

(三)差异性

每个人都具有独立性,因此带有先天素质和后天成长环境的差异性。在进行英语学习的过程中,面对同样的教学内容,不同的学生的学习起点、情感准备、知识基础都带有差异性,因此对教学内容的消化、吸收也各不相同。

自主学习尊重学生的差异性,认可和接受不同学生的水平和学习方法的差异,同时鼓励积极给予学生选择学习内容与学习资源的自主权。

(四)独立性

独立性和依赖性相对。具有依赖性的学习指的是将学习活动建立在依赖性的一面上;自主学习则将学习活动建立在独立性上。

我国传统的英语教学活动中,学生对教师有着很大的依赖。自主学习则要求学生不以教师的意志为转移,在各个方面鼓励学生脱离对他人的依赖,从而自己独立做出学习上的选择与决定。

独立性是自主学习的重要特征,是学生学习知识、掌握技能的重要环节。

(五)相对性

自主学习的重要特征是相对性。在现实的学习中,绝对的自主和绝对的不自主都并不常见。大部分学生都表现为相对自主,也就是在一些方面自主、在另一些方面不自主。除此之外,由于

第五章　英语读写一体化教学模式之自主学习

学生是在学校进行英语学习的,因此学习活动难免要受到学校的安排,不可能完全摆脱对教师的依赖性。了解了自主学习的这个特征就需要教学者从学生的实际情况出发,分清学生自主与不自主的方面,进行有针对性的教学工作。

自主学习的过程并不是学生随心所欲的过程。权利与义务是相统一的,自主学习中的自主与责任也是彼此制约的。在自主学习中,师生之间需要建立起彼此尊重、协作的关系,教师需要逐步培养学生的自主选择能力与判断能力。学生也应该明白,自主学习中所拥有的决策权和选择权是以学生相应的学习责任为前提的。

第二节　英语自主学习的意义

英语自主学习是社会发展与教学改革的需要,同时也是培养更加迎合时代需求的英语人才的题中之意。本节就从时代价值与教育价值两个方面对英语自主学习的意义展开总结。

一、自主学习的时代价值

(一)科技发展的要求

在知识经济时代的影响下,知识更新周期大大缩短,知识增长速度变快。人们意识到仅靠在学校的知识储备,已经难以应对社会的具体需求了。人们需要迅速适应环境的变化,从而满足不断变化的社会现实。

美国教育心理学家巴斯(Bath)指出,在半个世纪前,人们从大学毕业后,大约有 70% 的所学知识一直可以在其退休前运用;而在当今时代,这个数字缩减为 2%。[①] 这些数据表明大学生毕业

[①] 转引自严明.大学英语自主学习能力培养模式研究:体验的视角[M].哈尔滨:黑龙江大学出版社,2009:6.

后,从事某项职业所需要的知识技能有98%需要从社会这个大课堂中来获得,而不是依靠在校期间的学习来获得。

在这种社会环境的影响下,20世纪60年代中期,终身教育的理念被提出,从而打破了将学习与工作相互分离的教学模式,强调教育应该是伴随人类终身的、持续不断的活动。

终身教育的实现需要以个体终身学习作为保证,这是对学校教育的延伸,需要学习者积极主动地参与,并具备自主学习的能力。

由此,"自主学习"受到人们的普遍关注。这也就启发教育者对学生的自主学习能力的培养,使学生能够适应社会发展的需求。英语教学也不例外。因此,当代学生必须改变以教师为定向的学习方式,更多地采用自我定向的学习方式即自主学习来获得工作、生活所需的知识和技能。

(二)人才创新的要求

现代的社会生产过程日益地智能化,同时新的科技革命也为人类社会带来挑战,社会需要具有创新意识和创新能力的人才。

具有创新意识和创新能力,首先需要人们具备相应的知识技能,同时具有积极进取的竞争意识与合作精神。同时,敏锐的观察力与丰富的想象力、独立的人格、健康的心理个性也是不可或缺的。

自主学习的教育方式,对于学生独立人格和良好心理品质的培养十分有利,能够让学生形成积极探索、主动学习的精神。从这个意义上说,自主学习也是人才创新培养的要求。只有具备自主学习和终身学习能力的人才能更加迎合时代发展需求,也才能更好地促进自身的成长与发展。

(三)企业组织的需要

现如今很多公司为了提高其企业竞争力,占有更多的市场份额,对产品的更新、技术的革新提出了更高的要求。这就要求员

第五章　英语读写一体化教学模式之自主学习

工能适应不断发展的企业环境，提高自身素质，从而提高自己的工作绩效，帮助企业由传统型的组织向学习型组织（Learning organization）转变。对于学生而言，自我学习能力的培养与提高可以为其步入社会做准备，因此要求教育方式要由以教师为中心的集体学习模式向分散学习模式（distributed learning model）转变。

学习型组织中所采用的分散学习模式是基于如下理念而提出来的。

（1）在企业的迅速发展中，员工原有的知识、技能已经远远不能满足日益增长的企业要求，因此仅凭员工的现存知识和技术是不能胜任工作岗位的。

（2）自主学习者是构成学习型组织的基石。这就说明，企业或者组织中的每位成员都要担负起自己的学习任务和责任，使整个组织形成一种良性的学习氛围。

（3）在迅速发展的组织中，人力资源开发部门由传统的培训者向学习的领导者、策划者、辅导者和资源提供者转变。这样的转变使员工不能从人力资源开发部门得到胜任自己工作岗位的全部技能。因此，组织中的成员进行自主学习，对自己的学习和技能的提高负责十分有必要。这种自主学习包括确定自己的学习要求、设置自己的学习目标、获取学习资源、习得并应用所学的知识技能以及评价自己的学习质量。

与传统的组织培训方式相比，分散学习模式有以下五个方面的特点。

（1）分散学习模式的学习是学习者自我管理的，而不是由他人管理的。

（2）分散学习模式的学习方式主要是独立的、自我定向的或者采用小组合作、相互依赖的方式，而不是大规模的以培训者为中心的集体培训。

（3）分散学习模式的学习内容是个别化的，而不是预设的。

（4）分散学习模式的学习成本将降低 33%～50%。

（5）分散学习模式的学习成果的应用主要是直接的，而不是延后的。

可见,无论从学习的组织形式上看,还是从学习的效果上看,学习型组织都对员工提出了新的要求,要求其成员更好地开展自主学习。

二、自主学习的教育价值

素质教育是旨在提高国民素质的教育形式,其宗旨是让人们学会做人、学会求知、学会健体、学会生活、学习生存。素质教育的核心就是自主学习,因此培养学生的学习意识、学习习惯、学习能力与学习方法也应该成为实施素质教育的核心任务。具体来说,自主学习的教育价值主要体现在以下几个方面。

(一)教学现状的要求

在学科教育中,师生都受到教学方法、教学模式的影响与制约。但是,我国传统的英语教学却过分看重教师的主导作用,将教师单方面的知识传授作为学生学习的主要途径。这种教学方式忽视了学生的自主性与独立性,从而影响了人才培养质量,致使我国英语教学效果收不到应有的效果。

传统英语教学模式中,教师是教学的中心,教师以测试、成绩作为衡量学生英语水平的标准。学生在整体的教学中感受不到学习探索的乐趣,教师在教学设计中也很少考虑学生的具体语言需求。长此以往,学生学习的积极性、主动性难以发挥,独立的人格与自主的学习能力也得不到培养,不利于英语教学的长久良性发展。

需要正视的是,传统教学模式的出现主要是因为我国英语教学存在时间紧、任务重的问题,教师为了完成教学计划,往往只能侧重教学知识的教授,而忽视学生技能的培养。但是,英语是一门技能性与实用性很强的学科,需要学生发挥主观能动性,不断进行语言实践才能更好地掌握语言知识。仅靠有限的课堂教学

第五章　英语读写一体化教学模式之自主学习

时间是远远不够的。英语教学现状与学习现实需要学生养成良好的自主学习习惯。

在自主学习过程中,教师需要培养学生的独立性,将教师的教学和学生的学习结合起来,从而不断提升学生的自主学习能力,让学生能独立于教师展开学习活动。

(二)学校教育的需要

新的时代背景下基础教育也在发生着深刻的变革。终身教育体制下教育的任务不再是进行知识的灌输,而是教会学生学习,培养学生的自主学习能力,从而为学生日后的继续学习打下良好的基础。

在多媒体、网络基础的应用下,学校教育的手段变得更加丰富。计算机辅助英语教学、多媒体辅助英语教学十分常见。传统的以知识传授为主的教学模式不断发生变革。从这个意义上说,自主学习能力的培养,是将来基础教育发展的重要目标。

(三)个体原因的促使

提倡自主学习还因为自主学习能弥补学习者的个体差异。虽然我国对英语教学投入的人力、物力是任何其他国家所不能比拟的,但是不可否认的是,我国的英语教学效果却总不尽如人意。

造成这个问题的一个重要的原因,就是我国传统的英语教育模式只重"教"而不重"学",片面强调教师单方面的输入,忽视了学习者作为学习主体的地位,强调唯一性和标准化,忽视了学习者的个体差异。

由于不同的学习者之间存在很大的差异,所以长期以来,人们一直在探究造成学习者个体差异的原因,随着人们对其研究的深入,越来越多的研究表明,造成学习者个体差异的因素既有先天的,也有后天的。对于决定个体差异的先天因素,我们很难干预或改变它,而只能尊重它,如学习能力、认知风格、认知策略、学习策略以及学习动机等。通过培养学习者的自主学习能力,能弥补这些个体差异,使学习者的学习效果达到最佳。

(1)不同学习者之间的学习能力差异很大,个体之间的学习速度也不尽相同,对语言技能的掌握也不平衡。例如,有的学习者善于学习语法知识,有的学习者在交际能力上略胜一筹。如果我们采用统一的教材、教法、进度,并对不同学习者的语言能力提出同样的要求,忽视学习者的能力差异,必定会挫伤学习者的积极性、主动性,从而降低了学习者学习英语的效率。

(2)学习者的认知风格、认知策略都有差异性,针对这种情况,教师应该给予学习者更多发挥自己差异性的环境。通过为学习者创设自主、独立的学习环境,并进行必要的指导,使学习者能够对自己的认知特点和风格有所掌握,从而能够发挥自己的长处,对学习中的短处注意改正,提高英语学习的效率和水平。

(3)文登(1985)认为,学习策略是促进自主学习的关键。研究表明,任何学习者都有意识或无意识地采用自己喜爱的学习策略,如果禁止学习者使用其偏爱的学习方法,强迫学习者使用其他方法,就会降低学习者的英语学习效率。因此,教师在教授学生一定的学习策略时,要因人而异,使学习者选择适合自己的、能够掌控的学习策略。

(4)学习者的学习动机不同,其学习目标和学习兴趣也各不相同,因此教师应为学习者提供一个自主学习的教学环境。

第三节 英语自主学习的指导思想

英语自主学习的展开需要科学的理论作为指导,下面介绍人本主义理论、认知主义理论和行为主义理论。

一、人本主义理论

人本主义(Humanism)心理学于 20 世纪 60 年代产生于美

第五章　英语读写一体化教学模式之自主学习

国,其主要代表人物埃里克森(E. Erikson)、马斯洛(A. Maslow)和罗杰斯(C. R. Rodgers)认为,教育的作用只是提供一个安全、自由、充满人情味的心理环境,使人类固有的优异潜能自动得以实现。

(一)人本主义的主要观点

人本主义重视学习者在学习中的自主性和发展性,强调学习者之间的协作学习,重视自主建构知识意义。人本主义在研究中重视以人为发展之本,强调情感上的教育。具体来说,人本主义的观点主要表现在以下几个方面。

1. 人本主义的潜能观

人本主义认为,人类的潜能主要指的是以往遗留、沉淀、储备的能量,主张人类无论是在学习还是工作上都有着潜在的能量与能力。

教育的主要任务就是挖掘出学习者的潜力,这也是人本主义学习理论的重要研究方面。从这个意义上说,人本主义强调学习过程中学习的主体性地位,重视教师对学生潜力的挖掘。

2. 人本主义的自我实现观

人本主义的自我实现观也被称为"自我发展观"。这个观点重视学生的个体差异性和不同的价值观,认为教师的教学不能千篇一律,应该有所侧重,从而满足不同个性的需求。在这种针对性的学习环境下,学习个体会认识到自身的价值,从而实现自我发展。

3. 人本主义的创造观

人本主义的创造观认为人人都具有一定的创造力或具备创造力发挥地潜能,因此人们应该重视并发展自身的潜能。

在英语教学中,也应该重视学生潜能的开发,加强学生自我能力的培养,重视学生的创造力。

4.人本主义的情感因素观

人本主义学习理论重视情感因素在学习中的影响作用,包括发掘学习者的潜能、鼓励学习者的创造力等。

情感因素对于学习兴趣、学习动机、学习投入度都有着重要的影响作用。但是需要指出的是,学习中正向情感因素的作用需要教师进行激发与引导。除此之外,针对学生学业上的进步,教师也可以进行适度的鼓励,为学生创设更加健康的学习环境。

5.人本主义的师生观

人本主义的师生观指的是提倡建立亲密的师生关系,从而营造出一种和谐、平等、民主的学习氛围。在这种师生关系中,教师不仅是学生的良师,也是益友。

这与传统的师生关系的定位有着很大的差异。传统学习理论认为师生关系是教与被教的关系,教师有着很高的威严,是课堂的主宰者,学生则是知识的被动接受者。

人本主义师生观能够让学生真正参与到课堂学习之中,教师只有尊重、平等对待每一位学生,才能让学生更好地发挥主观能动性,进行自主学习。

(二)人本主义的学习过程

人本主义心理学强调人的自我指导、自我发展和自我实现的过程。人本主义心理学反映在教育思想上就是倡导认知与情感的统一,以学习者为中心,建立良好的师生关系,营造一种宽松的心理氛围。人本主义重视的是教学过程而不是教学内容;重视的是教学方法而不是教学结果,强调教学的目标在于促进学习。教学中要以学生为中心,教师则只是学习的促进者、协作者或者说话伙伴、朋友,学生才是学习的关键,学习的过程就是学习的目的

第五章　英语读写一体化教学模式之自主学习

之所在(林立、王之江,2005)。

人本主义学习理论重视人的尊严、兴趣、理想,主张从人的直接经验和内心感受出发了解人的心理。具体来说,人本主义是以罗杰斯"以学习者为中心"的观点为理论根据,其基本观点如下。

(1)学习并不是机械的刺激与被动接受,而是主动积极构建的心理过程。

(2)学习要使学生发挥出自身的潜在能量。罗杰斯认为,教师要善于引导学生,帮助学生增强自身的理解,并从学生的角度出发实施多样化的教学方法,真正让学习变为有目的、可选择的主动过程。

(3)当学生意识到所学的知识内容是有价值的,才能更加积极有效地去展开学习活动。

(4)学习的过程,并不仅仅是知识的掌握过程,同时也是学习方法的掌握过程。

了解了上述人本主义的观点,在具体的教学过程中应该重视学生的中心地位。教师应该转变自身的角色变为学习活动的引导者与促进者。除此之外,教师还需要为学生营造良好的学习环境,从而帮助知识的吸收与良好师生关系的形成。

(三)人本主义理论的缺陷

人本主义心理学的贡献是不可低估的,但是由于在人性的先天与后天、自然性与社会性等关系的问题上的理解仍然存在偏差,人本主义缺陷也是不容忽视的。

(1)人本主义缺乏实证性的检验和支持。人本主义心理学过分强调经验范式的重要性,缺乏有力的实验分析与佐证,并且其研究对象局限于人的本性、价值、潜能、经验、创造力、自我实现以及自我超越等高层面的意动上,加之现象学研究方法的模糊性,因而难以涵盖现代心理学的全部内容,尚不能成为整个心理学统一的研究模式。

(2)人本主义心理学未能摆脱自然主义人性论的羁绊,过分强调人性自然因素的作用,忽视宏观社会环境、社会实践在形成和发展现实人性中的决定性意义。实际上,人的本性或人性是区别于一切动物而为人所普遍具有的共同属性的总和,是由人的社会性和自然性这两个基本成分构成的基础;而社会性则是人性的升华与统帅。人的自然性和社会性始终相互依存和相互制约,处于对立统一之中。

(3)人本主义片面强调自我实现中个人的力量,忽视社会的作用,片面强调实现理想的自我,忽视实现理想的社会,渗透着个人本位主义精神。这是人本主义自我实现论的根本缺陷。

二、认知主义理论

认知主义理论是20世纪50年代中期在西方兴起的一种心理学思潮,并在20世纪70年代开始成为西方心理学的一个主要研究方向。与行为主义心理学家相反,认知主义理论派主张研究那些不能观察的内部机制和过程,如记忆的加工、存储、提取和记忆力的改变。简单地说,认知主义理论研究人的高级心理过程,主要包括注意、知觉、表象、记忆、思维和语言等认知过程。

认知主义理论派认为,语言的习得不是对零星的语言材料作简单的模仿或堆砌,而是要理解、掌握语言的基本结构,特别是在十多岁之后已经牢固地学会了母语的情况之下的语言习得。在理解和掌握基本结构的基础上进行有意义的操练,操练效果远远比机械地反复操练要好。由于记忆是以理解为前提的,因此对语言材料是否理解决定了对语言材料的牢固性。例如,学习英语单词不仅要识记词的音和形,还要理解词的意义,而且后者远远比前者要重要得多。

认知教学理论强调以学生为中心,以认知能力的形成为目的。教师的教学行为是通过学生的认知、态度、自我调节等中介过程起作用,而直接影响学生学习结果的重要因素是学习者头脑中的认知结构和认知加工过程。也就是说,学生在教学过程中是

第五章　英语读写一体化教学模式之自主学习

主动地加工信息,建构理解,并不是被动地受控于教师。因此,现代教学在创设学习的外部条件时,必须以学习者头脑中的认知规律为前提;必须改变传统的教学方式,充分发挥学生的主体作用;必须培养学生成为独立、自主的学习者;必须重视学生内在认知动机的作用。

由于外语教学是以心理学为理论基础,近年来心理学史和教学法史对于外语教学中学与教的心理活动规律的研究取得很大进展。英语教学法是英语教学中的重中之重,而英语教学法和心理学有着息息相关的关系,许多英语教学方法的理论基础都与心理学紧密相连。可以说,心理学是现代外语教学法的理论基础之一。

外语教学心理学方面的专著和论文不断问世,显示了外语教学与心理学更加紧密的关系。从心理学角度,研究英语教学法时要充分注意以下几个问题:重视并遵循英语学习的规律;注意研究学生的兴趣、学习中的倾向性问题;注意研究培养听、说、读、写能力的心理活动过程;注意区别不同年龄组的学生所具有的不同的生理和心理特征。

现代学习理论不断进行推进与发展,从而在一定程度上为教师的教和学生的学提供了重要的指导。在实际的教学中,教师应该注意吸收不同理论的合理成分。

三、行为主义理论

行为主义理论也叫作"刺激反应理论",主要研究的是能够被观察和被测量的行为。

这个理论最早是由约翰·华生(John H. Watson)在1913年首次提出的。斯金纳在其著作《言语行为》中对操作性条件反射机制的介绍使得行为主义学习理论得到了飞跃式的发展。

刺激、反应、强化是行为主义学习理论的基本思想,主要包括桑代克的尝试错误理论、巴普洛夫的条件反射理论和斯金纳的操作学习理论。

　　行为主义强调学习环境和条件因素，要求环境以及条件要具有适当性、尝试性。在外语教学过程中，教学活动应该是教师和学生之间提供刺激以及接受刺激的相互关系。基于行为主义学习理论的教学模式如图 5-1 所示。

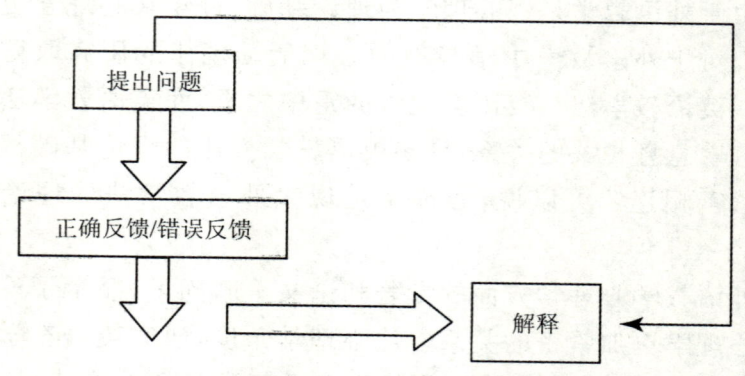

图 5-1　基于行为主义学习理论的教学模式

（资料来源：王鹤，2016）

　　对图 5-1 进行分析，在外语教学过程中，教师可以把教学内容以小步调的形式传授给学生，让学生循序渐进掌握知识。在阶段性学习内容结束之后，教师还可以对学习内容进行测试与反馈，从而掌握学生的学习情况。行为主义学习理论能让学生意识到不同的学习目标，这由理论与刺激学生积极的学习反映，在交互过程中也有相应的回馈信息，这些都有助于自主学习活动的激发。

第四节　英语自主学习的策略

　　自主学习表现为个体能够自我管控自身的学习行为，在英语学习过程中可以使用自我计划策略、自我监控策略、自我评价策略进行有效控制。

第五章　英语读写一体化教学模式之自主学习

一、自主计划策略

自主计划策略主要使用在学习前的准备工作中，教师需要发挥自己的指导作用，帮助学生针对课堂教学内容做好准备。

(1)学生需要根据所学材料的标题对教学内容展开预测，并使用多媒体、网络等方式进行文化背景的了解。

(2)学生需要根据自己的学习情况，确定学习目标。学习目标的确定有助于学生了解重要细节。

学生还需要从语言准备和非语言准备两个方面进行自主计划。上述两个方面可以同时进行。在这个过程中，可以利用图式展开。图式是指学习者大脑中储存的相互关联的各种知识、观点与概念，图式知识既是学习的基础，同时又是学习的一种成果，它随着学习而不断丰富和完善。教师可以在学生准备教学的过程中，为学生提供一系列的关键词语，从而让学生建立一定的图式知识，并利用关键词对已有图式知识进行激活。具体来说，自主计划策略的实施包括以下几个方面的步骤。

(1)组织计划。学生需要将要学习的材料进行预习，从而了解材料的相关概念与大意内容。

(2)集中注意。学生在事先计划的过程中需要始终保持自己的注意力。

(3)选择注意。在自主计划过程中，学生需要注意教学材料中的语言特征或者有助于课文知识理解的相关细节信息。

(4)自我管理。了解课堂知识完成所需要的不同条件，并控制自己的言语行为，从而利用已知语言信息了解所要学习的内容。

二、自主监控策略

自主监控策略主要针对的是学习任务的完成过程，表现为学生对自身语言理解和语言行为的核查、确认或修正。具体来说，自主监控策略主要包括以下两个方面的内容。

（一）自我监控

自我监控策略指的是学生在完成任务的过程中检测、证实或修正自己对所学内容的理解或调整自己的语言行为，包括计划监控、输入监控、输出监控、策略监控、理解监控、视觉监控、语体监控、听力监控等。

对自身学习行为的监控能够反映出学生元认知水平的高低。学生可以通过监控策略的使用，核查自身的预测是否符合现在的学习内容，从而认识到现阶段所使用的学习策略是否有助于学习任务的完成，最终提高自己的推理能力。

（二）发现问题

在自我监控的基础上，发现问题指的是学生发现学习任务完成过程中需要解决的问题。

这是一种有效的自我监控手段，不仅能够促进学生语言运用能力的提高，而且有助于学生解决问题能力的发展，对于学生语言策略的使用也大有裨益。

三、自主评价策略

自主评价策略发生在学习任务结束之后，指的是学生在教师的引导下对自身任务完成情况进行的评判，主要包括知识掌握的完整性、准确性以及任务完成中的不足等。利用自主评价策略能够巩固课堂所学知识。

具体来说，自主评价策略可以利用学生个体活动、学生间合作活动、教师主导活动的方式进行。学生的自主评价包括以下方面。

（1）输出评价：任务完成后核查自己是否完成学习任务。

(2)策略评价:评判自己在完成学习任务中策略的使用情况。

(4)能力评价:评判自己完成学习任务的能力。

(3)语言行为评价:评判自己在任务完成过程中的表现。

(5)语言掌握评价:评判自己对目标语本身的掌握情况,例如对概念、短语或句子的掌握。

(6)延伸活动:学生得到更多的机会来对所学的新概念和技能进行揣摩,将这些概念和技能融入自身原有的知识系统中,并将其运用到现实的语言情境中。同时,学生在评价的过程中也得到更多的机会进一步对自身的较高层次的认知技能进行发展,如演绎某个概念的新用法,分析某个学习行为的组成部分等。

第五节　自主学习在英语读写一体化教学中的应用

自主学习在英语读写一体化教学中有着重要的应用。在具体时间过程中,读写是基础,自主学习是延伸,两者共同服务于英语教学工作,从而有效提升学生的英语综合应用能力,尤其是读写能力。

一、自主学习在英语读写一体化教学中的应用原则

自主学习在英语读写一体化教学中的应用需要遵循一定的原则,具体表现为以下几种。

(一)循序渐进原则

循序渐进原则主要指的是教师对教学的监控,要求教师在适当的教学方法下,分层次、多步骤地提升学生的读写能力。

(1)教师要帮助学生建立起自信心,做到情感方面的自主,有效激发学生的读写学习动机。

（2）在读写一体化教学过程中，教师要引导学生学会积极、自觉地进行学习，充分发挥学生的主观能动性，尽量使学生尝试自我调控学习，让其自己把握阅读和写作的方法、节奏和进程。

（3）在读写一体化过程中，教师给予学生充分的时间、空间，敢于放手让学生进行独自学习，让学生自己亲身去感受、体验、观察、分析。在这一过程中主动掌握知识，提高阅读的自主学习能力，假以时日便可不再依赖教师，从而真正形成自主学习。

（二）创设氛围原则

教学氛围与学习氛围对学生自主学习能力的培养影响深远。因此，在英语读写一体化教学模式的应用中，也需要注意创设氛围原则的应用。

（1）教师在教学中需要重视发扬民主教育观念，重视学生主体地位，同时在教学活动的设计上重视培养学生的阅读、写作自主能力。

（2）教学过程中，教师需要引导学生进行自主的读写学习。这需要教师按照学生的认知规律与认知水平进行教学思考，按照学生的思路设计问题。

（三）自主调控原则

在培养学生阅读自主学习能力的过程中，自我调控是其中的一个重要环节。自我调控能力的培养需要教师根据学生的性别、年龄、学习能力、自控能力等方面的不同，选择恰当的切入点，进行持续的培养和训练。具体而言，教师需要注意以下几个方面的内容。

（1）教师要帮助学生改变自身被动的学习态度，帮助学生克服读写过程中的困难和畏惧情绪，让学生主动发挥对于读写的兴趣和采取积极的行动。

（2）对学生加强学习计划性方面的指导。在读写过程前制订合理的学习计划可以帮助学生养成良好的阅读、思考习惯，同时

第五章　英语读写一体化教学模式之自主学习

提高对自我的监控能力。

（3）教师要学会引导学生及时反思读写学习过程中的优势和不足之处，从而合理调整学习方法和策略，增强读写过程中的自我意识。

（四）扩大词汇数量原则

在英语读写一体化教学中，词汇掌握数量对教学效果和学习效果都有着重要的影响。当学习者有着充足的词汇量时，就很容易展开有效的自主读写活动，可见词汇量是制约我国英语读写一体化教学模式应用的重要因素。鉴于此，教师可以通过以下几个方式提升学生的词汇数量。

（1）词汇卡。教师可以为学生制作词汇卡，当然学生自己也可以进行。词汇卡轻便快捷，便于携带，学生可以随时随地利用词汇卡学习和掌握词汇。

（2）掌握构词法。英语单词具有独特的构词方法，如前缀、后缀、词根等，学生需要系统掌握这些构词方法，这将十分有利于学生建构自己的词汇系统，如此才能获得更大的词汇量。

（3）合理使用词典。英语单词的学习和理解离不开词典这一重要工具，学生在写作过程中需要多借助词典来全面把握自己所遇到的每一个重点写作词汇。

（5）将阅读与写作有效结合。阅读与写作之间具有密不可分的关系，学生在阅读过程中可以获取很多的词汇输入，对于写作水平的提高具有很大的帮助。

（五）提高语法水平原则

中国学生的英语语法学习一直不理想，这早已成为一种不争的事实。大部分学生在写作中都会出现或多或少的语法错误，这导致他们无法正确表达自己的思想内容。可见，想要培养学生的英语读写自主学习能力就必须重视学生的语法方面。为了提高学生句子层面的语法水平，教师可进行如下方面的操作。

(1)鼓励学生自己准备语法书。教师引导学生按照语法书上的内容系统地学习语法,尤其是熟悉句子的各种类型。平时要指导学生进行多朗读、多背诵,使学生形成良好的句感。

(2)为学生安排一些简单的翻译练习。学生通过翻译练习可以真实掌握英汉语句式之间的异同,在写作句子时便会有意识地避免一些中式句子的出现。

(3)让学生熟悉优秀句子的特质。一个良好的英语句子通常在内容方面统一、在意义方面连贯、在语句方面简洁、在句式方面多变。熟悉了优秀句子的特质,学生在写作过程中就会留意自己所写的句子,尽量使所写句子具备这些特质。

二、自主学习在英语读写一体化教学中的应用方法

(一)教学思想上的应用

教学思想决定了教学模式中不同要素的定位。将自主学习应用到英语读写一体化教学模式中,读写是基础,自主学习是延伸。

传统英语教学重视词汇、语法等基础知识的教学,虽然有一定的弊病,但是对整体英语教学来说仍然是十分必要的。在读写课堂上,利用阅读可以让学生获得大量语言输入,教师有步骤、有计划地进行教学,可以为学生写作语言的输出打下良好的基础。

《大学英语课程教学要求》(2004)提出"新的教学模式应以现代信息技术,特别是网络技术为支撑,使英语教学不受时间和地点的限制,朝着个性化学习、自主式学习发展。"大学英语自主学习中心或语言学习中心在这方面发挥着特有的作用。[1]

(1)自主学习是学生课堂知识巩固与延伸的有效方法。学生的自主学习,不仅是对课堂中知识的建构与运用,同时也是对原

---

[1] 吴燕,张四友."读写+听说+自主学习"三维一体的英语教学模式[J].黑龙江教育学院学报,2011,(11):164.

第五章　英语读写一体化教学模式之自主学习

有图式知识的吸收与同化。这个过程不仅能够让学生对已有知识进行顺应,同时还有助于学生形成新的图式知识。

(2)自主学习时学生学习策略的运用与延伸的有效方法。学习策略的运用是进行自主学习的必要条件,但是需要注意的是,学习的过程并不是学习策略的简单重复,而是循环往复、螺旋上升的,最终达到任务的完成。具体来说,自主学习过程如图5-2所示。

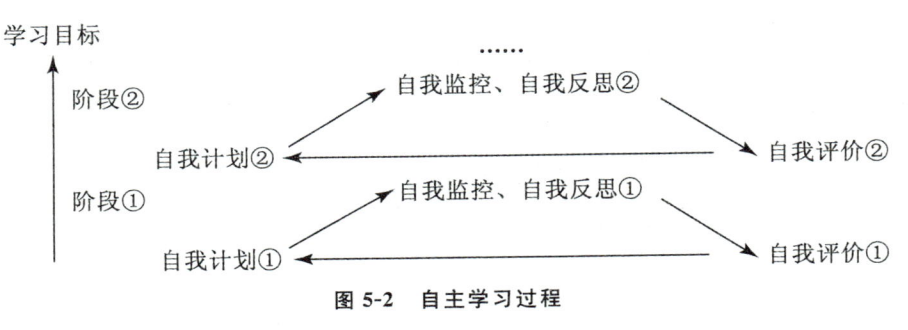

图 5-2　自主学习过程

(资料来源:吴燕、张四友,2011)

(二)教学环节上的应用

自主学习在英语读写一体化教学模式中的应用体现在教学环节上主要包括课堂教学、自主学习和教学评价三个方面。

课堂读写教学科研按照自然班级上课,教师展开教学,教学中保证教师知识传授与学生自主学习在学时上平衡,从而有利于学生读写能力与自主学习能力的发展。

自主学习活动主要包括学习时间、进度、内容的自主性,学生可以按照自己喜欢的方式进行学习,带有充分的自主性,这样有利于学生学习兴趣和学习积极性的提高。

需要指出的是,学生学习上的自主是在教师指导下进行的,可以按照必选内容和自由选择内容进行划分。必选内容指的是与课堂教学活动配套的内容或者教师为学生布置的课堂知识的补充任务。自由选择内容则指的是学生依据自身的爱好兴趣、语言水平、学习风格进行的内容选择。

英语读写一体化教学模式探究

教学评价是自主学习应用于英语读写一体化教学模式的重要环节。由于学生在这种教学模式中有着一定的自主,因此利用评价对学生自主学习内容展开测试与评价成了教师了解学生学习情况的有效手段。

随着英语教学改革的推进,不同的教学模式应运而生。不同的院校需要结合自身特点探索适合本校实际的教学模式,从而更好地为提高学生的英语综合能力服务。

第六章　英语读写一体化教学模式之合作学习

合作学习是一种富有创意性和时效性的教学策略,其通过小组成员之间的相互合作从而促进英语学习。这种学习方式会缓解学生的心理压力,改善英语课堂教学气氛,从而有助于英语读写一体化教学模式的实施。合作学习在英语读写一体化教学模式的实施过程中需要教师转变自身角色,建立切合学生学习条件的评价机制,真正提高学生的英语学习水平和整体教学效果。

第一节　合作学习简述

一、合作学习的定义

合作学习是在 20 世纪 70 年初期的美国兴起的,并在 20 世纪 70 年代中期到 80 年代中期取得了实质性的进展。

相关研究表明,利用合作学习能够缓解学生的心理压力,改善课堂教学氛围,帮助学生提高英语学习效果,促进学生良好品质的形成。在上述作用的带动下,合作学习得到了世界各国教育界的广泛关注,并且成了当代主流教学理论与策略之一,被人们誉为"近十几年最重要、最成功的教学改革"。

合作学习体现出了人类的社会性特征,因此很多学者并不只是将其作为学习方式展开研究的。人类的社会性表现最明显的特征就是合作。广义上的社会性指的是人在社会活动中所表现出来的特点。狭义上的社会性指的是人对他人或者某一群体所表现出来的一些行为。人类社会形成的基本条件就是合作，这是人类社会形成的本质。同时，合作也是人类内在的需求和基本属性之一。

很多学者都对合作学习的定义进行了阐释。

美国教育心理学家罗伯特·斯莱文（Robert E. Slavin）认为："合作学习就是学生在小组合作开展学习活动并以小组的整体表现赢得奖励和认同的课堂学习方法。"[①]

美国明尼苏达大学"合作学习中心"的约翰逊兄弟指出，"合作学习就是在教学上运用小组，使学生共同活动，以最大限度地促进他们自己以及他人的学习。"

我国学者王坦指出，"合作学习的目的是促进学习者在小组中的互相帮助和互相进步，从而实现共同的学习目标，进而通过小组整体成绩来获取奖励，是一种教学的策略体系。"[②]

章兼中教授提出，应该"大力发展相互协作、合作的小组活动"，"课堂教学中师生交往的形式是多种多样的，但学生间和小组间的交往尤为重要"。

合作学习的含义很广泛，既包括协作学习，也包括小组学习等方式。但是，无论其采取什么形式，都强调集体性任务的完成，在合作学习的过程中，教师需要充分放权，作为学生学习的指导者展开具体教学实践。

需要注意的是，合作学习小组的形式一般都是异质的。广义上的合作学习中，组员在教师的指导下完成不同的教学任务与教学目标。小组合作可以在课堂内展开，也可以在课堂外进行，每个组员都承担自己的一部分责任，小组成员间共享资源，从而促进问题的解决。合作学习的基本要素主要包括以下几个。

---

① Slavin, R. E. Cooperative learning[J]. *Review of Educational Research*, 1980, (50): 315—342.

② 王坦. 合作学习的理念与实施[M]. 北京：中国人事出版社，2002：26.

第六章　英语读写一体化教学模式之合作学习

（1）小组成员之间积极地相互依赖。
（2）小组成员之间进行直接的建设性交流。
（3）教师对小组整体以及小组成员进行成绩的评定。
（4）小组任务的完成需要使用合作性技能。
（5）小组展开自我性评估。

合作学习不仅促进学生快速完成学习任务，而且可以帮助他们积累知识并增长技能，有利于学生思维能力、自尊心、自信心等的培养。

二、合作学习的特征

合作学习是相对于个体学习而言的，其是一种新型的学习方式，同时也是教学的重要组织形式之一。具体来说，合作学习的特征包括以下几种。

（一）竞争性相对弱化

在传统学习方式中，学习者之间的关系往往是一种竞争关系。然而，合作学习中的成员关系则具有较强的互助性，竞争性相对弱化。这种类型的小组成员关系可以大大提高小组成员共同进步的自信心，帮助小组成员提高一定的领导能力。

根据教育学家约翰逊（Johnson）的看法可知，在学习过程中，学习者在合作关系中更能取得良好的成绩，比竞争关系强很多。在传统学习模式下，竞争关系导致很多学习者对学习没有太大的兴趣，自信不足，更无法感受到学习成果的喜悦心情。竞争关系下的学习方式阻断了学习者之间知识的交流，有些学习者对自己不自信，完全不敢表达自己的想法，更不能与其他同学展开学习方面的交流。

与此不同的是，合作学习可以为学习者营造良好的学习氛围，促进学习者之间的积极沟通与交流，通过小组合作这一方式，学习者可以发现自己在学习中所具有的优点，并改掉缺点，掌握其他同伴的更加科学的学习方法,帮助自己的学习。此外,学习者之间可以取长补短、共同进步。

合作学习不只是限于同组之间的交流,还可以展开小组与小组之间的交流,从而实现信息共享的最大化。通过对比不同小组成员的观点,学习者可以大大扩展解决问题的角度和视野,激发自己对新知识和新技能的渴望,增强学习的积极性。

(二)团队间意识较强

合作学习可以大大减少学习者之间的竞争,培养他们的团队意识,让他们共同进步和发展。在合作学习的过程中,小组成员需要共同思考,通过分工合作来完成学习任务。可见,小组整体任务的完成建立在每一位小组成员任务完成的基础上。如此一来,每一位成员都会对自己的任务比较重视,在完成过程中尽职尽责。

通过合作学习,学习者可以体验集体智慧所带来的巨大成功,分享成就感带来的喜悦心情。事实上,合作精神对于学习者的学习以及未来的工作都是很有益处的。

合作学习十分重视小组成员的进步与提高,小组成绩同样是通过小组成员的合作来实现的,这样可大大减少单个学习者面对失败时所产生的恐惧和焦虑心情。另外,小组合作可以促进学习者之间展开学习意见的交流,完成任务同样需要小组成员发挥集体智慧,如此不仅可以满足完成任务的要求,而且可以丰富小组成员的视野和知识面。

因为不同的学习者往往具有不同的思维模式,在解决问题时所产生的看法和意见也是不同的,通过合作,学习者可以开阔自己的思维、丰富自己的知识,在互帮互助中增加了解、增进感情。

(三)激发学生内在潜能

通过合作学习,同组成员之间的竞争大大减少,小组之间的竞争得到增强,这样可有效激发学习者学习的内在潜能。在此过

第六章　英语读写一体化教学模式之合作学习

程中,教师教育者可以鼓励学习者开放和培养多种能力,促进知识结构的多样化,从而最大限度地满足小组对不同知识的需求。

通过小组竞争,学习者可以激发自己对学习的热情,为了小组的荣誉积极出谋划策。自己对小组的贡献一旦得到同组成员的认可,那么可以激发学习者的对学习的积极性。

在合作学习的过程中,小组成员为了完成小组任务,会通过讨论后合理分配任务,每一位小组成员都会提出创新、建设性的意见,进而通过分工合作,调动小组成员的积极性,从而实现小组学习任务完成过程中具有创意,激发学习者的内在潜能。

三、合作学习的理论基础

合作学习的产生与发展是科学的理论指导下的结果,下面主要介绍动力理论、选择理论以及约翰逊合作原则。

(一)动力理论

动力理论是由格式塔心理学提出的,其将合作小组看作一个动力整体。小组的统一目标是能够给小组成员带来一定的学习动力。

动力理论认为,小组内不同成员的利益是相互联系的,同时组员之间存在着一些良性竞争,这些竞争的出现能够提升组员学习的动力,从而有助于小组共同利益的达成。

组员之间是相互影响的关系,主要表现为组员的努力程度和学习状态。只有小组内成员都将自己的能力和努力发挥到最大程度时,才能最大限度实现小组学习目标。

(二)选择理论

美国心理学家威廉·哥拉斯创造了选择理论。他认为人的一生有多种需要,如合作的需要、归属的需要、与人分享的需要、爱的需要以及关心他人的需要,人们会尽量去满足它们。

而合作学习正好满足了这些需要,因为成功的合作学习某种程度上会使人获得归属感、爱以及分享的喜悦。需要的满足才能带来幸福的、有质量的生活。

(三)约翰逊合作原则

约翰逊(Johnson,1986)认为合作学习的原则表现在以下五个方面。①

(1)学习者需要认同小组成员,对彼此有需要感,从而完成小组任务。

(2)学习者需要能通过总结、提供和接受各种解释以及详述之前的学习经验来达到交互作用和口头交流。

(3)学习者需要能各自学习语言材料从而帮助组内成员学习语言材料。

(4)学习者需要练习必要的社交技能,从而保证小组任务的顺利完成。

(5)小组合作过程中必须给予学习者机会去分析小组更好运作和社交技巧运用的方法。

合作学习的提出将生生互动提到了前所未有的地位,同时成了重要的教学步骤,对于科学利用、充分开发人力资源有着积极的影响,为现代教学系统注入和活力,符合英语教学改革的需求。这种教学方式将教学建立在了更加广阔的交流背景之上,对于学生更好地认识教学本质,了解自身的主体地位,良好师生关系的建立具备深远的指导意义。

第二节 英语合作学习的意义

在英语学习过程中,合作学习对于激发学生的学习动机以及

---

① 转引自 Leslie W. Crawford. *Language and Literacy Learning in Multicultural Classrooms*[M]. Boston:Allyn and Bacon,1993:128.

第六章　英语读写一体化教学模式之合作学习

促进学生的认知发展有着积极的影响作用。具体而言，合作学习的意义主要体现在以下几个方面。

一、调动学生的积极性

传统的英语教学中，学生是被动接受知识的，因此课堂主动性不高。合作学习过程中，学生在一定的标准下组成学习小组，丰富了英语课堂教学形式，在合作的过程中，学生的积极性会得到提升，从而使枯燥的学习内容转化成了生动的集体活动。

合作学习有助于调动学生的积极性，普遍提高学生尤其是后进生的学业成绩，更有利于促进学生集体的形成。合作学习可以增强学生的主体意识，提高全班学生对于课堂教学的参与程度，促使学生更加充分地交流互动。

二、培养学生的团体意识

合作学习的实施还有助于学生团体意识的培养。具体来说，在小组内和小组外的交往中，学生很容易形成一定的团体意识，将自己归属到一个团体中，荣辱与共，形成强烈的集体荣誉感。

团体意识的产生与发展，对于学生人际交往能力的发展也大有裨益。

三、培养学生的创新精神

合作学习有助于培养学生的创新精神。日本学者片冈德雄研究表明，班级气氛一旦成为"支持性风气"，成员之间相互信赖、相互合作，其共同完成的作品（如"看系列图写作文"）在立意（构思巧妙）和变化（情节生动、丰富多彩）等方面表现突出，体现了创造性品质中的"独特性"和"丰富性"指标。

四、促进小组任务的完成

由于合作学习具有交往性、互助性、分享性的特点,因此在学习过程中,教师可以引导学生通过师生交往、生生交往,使其在学习小组中互相启发、互相协作、互相鼓励,达到学习成果和经验为小组成员所共享,共同面对并进一步探讨所遇到的问题,完成小组学习任务。

这样,合作学习就能够解决个体学生(尤其是后进生)独自无法解决的问题、难题,因而它是一种有效地攻克难关的方法。学习任务的"难度"或"复杂程度"超过个人独自解决的力量是合作学习的"有效性"的前提,学生必须通过合作才能解决难题。

五、培养学生的综合能力

合作学习策略的实施为学生提供了广阔的发展空间,学生之间可以进行积极的交流、协作、竞争、批评和改正,从而使学生自主学习、自由思考、团结协作能力得到提升,最终有助于培养学生的综合能力和综合素质。

六、减轻教师教学的负担

合作学习策略强调小组合作学习以及学生自主学习,从而能够减少教师的重复性工作,便于教师更加有针对性地进行教学指导,最终提升教学的实效性,让教师有更多的精力进行教学思考与个人提升。

总之,合作学习既有助于培养学生的合作精神、团队意识和集体观念,又有助于培养学生的竞争意识与竞争能力;合作学习还有助于因材施教,可以弥补一个教师难以面向有差异的众多学生教学的不足,从而真正实现使每个学生都得到发展的目标,从而在真正意义上实现每个学生的发展目标。

第六章　英语读写一体化教学模式之合作学习

第三节　英语合作学习的类型

合作学习主要有小组活动、相互支持、组员间的人际交往技能三个要素组成。

（1）小组活动。没有小组活动就没有合作学习。小组活动，是指小组有明确的学习活动时间、明确的学习活动目标、明确的学习活动任务、各个组员间的明确分工、真实详尽的学习活动反馈。

（2）相互支持。组员间的利益是联系在一起的，每个成员的学习行为都会对整个小组的学习造成不可忽视的影响，因此组员之间必须在心理、资源等方面相互支持，才能使整个小组的利益最大化。

（3）组员间的人际交往技能。良好的小组氛围影响着学习目标的实现，因此组员应该掌握一定的人际交往技能以便创设良好的氛围。这就要求组员之间彼此信任、积极沟通以及正确地处理冲突，这些都是人际交往技能的表现。

在上述三个要素的影响下产生了三个不同类型的合作学习小组。正式合作学习小组，可以用来教授具体的学习内容；非正式合作学习小组，可以用来确保学生们在听课时能做到对信息进行积极的认识加工；基层小组，可以用来对学术上的进步提供长期的支持和帮助。任何课程布置的作业都可以通过采用合作小组的方式来完成。下面对合作学习小组进行具体介绍。

一、正式合作学习小组

正式合作学习小组指的是教师按照科学的分组方式进行的小组划分，是用于教授具体内容的学习小组。在这种小组类型中，学生通过和他人的合作，从而使小组成员的学习达到最大化。

具体来说,教师需要做到以下几点。

（1）教师确定学习小组的人数,并对学生进行分配。

（2）教师指导学生掌握和运用相关概念、原则与策略。

（3）教师布置小组内要合作完成的任务。

（4）教师检查学习小组的学习过程。

（5）教师利用一些写作技巧和学术知识对小组任务完成过程进行干预与指导。

（6）教师评估学生的学习效果以及小组运作情况。

二、非正式合作学习小组

非正式学习小组是用来确保学生在听课时,能够做到对信息的积极认知与加工。

在非正式的合作学习小组中,老师应该做到使学生关注学习材料,进入学习状态,确定对授课内容的期望,确保学生对所学材料进行认识加工,并对一节课作小结。学生可以用 3～5 分钟的讨论来总结他们所了解的主题,这个主题是课前或课后的焦点讨论中设置的。这几分钟的讨论可以被穿插在整个授课过程中。

三、基层小组

基层小组是为学习进步提供长期支持和帮助的小组形式。这种小组类型可以在学习过程中给学生提供所需的支持、鼓励和帮助。

基层小组的成员可以每天碰面。他们的关系是持久的,彼此间能提供长期的相互关心。这种关心对组员在大学里能坚持不懈地学习是十分必要的。采用基层小组的学习方式可以极大地提高听课效率,使所要求的学习任务和学习过程个性化,并提高学习的质量和数量。班级或大学的规模越大,教学的内容越复杂或越困难,成立基层学习小组就显得越为重要。

第六章　英语读写一体化教学模式之合作学习

第四节　英语合作学习的步骤

一、进行合理的分组

合理分组是进行英语合作学习的前提。由于合作学习也就是通过小组之间的相互配合展开学习,因此合作学习展开的前提是对学生进行合理的分组。

分组过程中需要教师进行仔细考量,重视小组成员之间的安排,最终在最大程度上保证小组成员在知识、兴趣、能力、性格方面都能更加多样化。多样化的小组成员能够均衡小组结构,最终帮助小组成员间展开学习与竞争。

合理分组需要遵循组间同质和组间异质的原则。在这两个原则的指导下,小组成员的知识水平才能更加具有层次性,知识较为丰富的同学可以帮助指导知识掌握不充足的学生,从而促进小组任务的顺利完成。同学之间的互相帮助还能够促进学生课堂的参与性和积极性,有助于整体学习氛围的形成。

二、策划与提出问题

策划与提出问题是小组合作学习的重要设计步骤之一。教师在策划小组任务时需要考虑学生的整体情况,同时任务还需要具备很强的操作性。

教师问题的设置需要遵循开放性、讨论性的原则,可以在课前根据教学内容进行任务的合理安排。教师还需要对合作学习小组任务的完成时间进行规定。

在任务完成过程中,教师起着重要的指导作用,需要帮助学生制订具有一定难度的小组任务。这样,小组之间能够进行互相学习，成员之间也能充分发动脑筋，发挥互帮互助的精神。

三、控制合作的实施

在合作学习时，各个小组完成任务呈现出阶段性特点。在每一个阶段，小组的学习任务是不同的。对此，教师需要对这一过程展开控制。

在初始阶段，小组的各个成员需要积极讨论和研究任务，每一位成员需要独立思考问题和任务，在这一过程中促进创造性思维的扩展。在此基础上，小组成员之间开展交流，将所有成员的意见和想法进行汇总，并对这些内容进行讨论，最终形成小组的统一观点。

另外，每一个小组还需要一个小组代表或发言人，以便将自己小组的任务结果陈述给老师和其他小组。

最后，全班的各个小组在教师的指导下展开交流，实现小组之间信息的沟通，在这一过程结束之后教师要对各个小组学生的表现给出自己的评价。

四、进行效果的评价

对合作的最终结果进行评价并不是一件简单的事情，其中涉及很多内容。

首先，学生的学习过程、学习结果需要教师给出合理的评价。

其次，小组各个成员的表现需要教师给出恰当的评价。

最后，对班级里一些表现优秀的小组给出一定的评价，这可以让学生意识到合作小组是一个集体，每位成员想要实现自己的个人目标，就必须依赖整体目标的实现，从而培养学生建构较强的合作精神以及合作学习能力。

第六章　英语读写一体化教学模式之合作学习

第五节　合作学习在英语读写一体化教学中的应用

英语学习是语言习得的过程，学习者利用一定的语言情境才能完成这一过程。合作学习通过小组成员间的相互协作来帮助学生提升语言交际能力，有利于参与者学习成绩的提高，也有利于学生思维能力、自尊心、自信心、社交能力等的发展。本节就对合作学习在英语读写一体化教学中的应用展开分析。

一、合作学习与读写活动的关系

英语阅读是学生汲取语言知识、提高语言表达能力、掌握文章写作手法的有效途径之一，属于语言输入。阅读需要学生进行大量的自主阅读，从而提升阅读水平。同时，阅读还可以通过与他人进行合作学习从而进行提高与加强。利用合作学习的方式展开阅读能够提高学生对文体的分析与判断能力。

英语写作是学生语言能力的重要表现方式，同时也是英语语言的重要技能之一。从一定程度上说，英语写作能力的提升是英语语言能力和应用能力的表现，属于个人行为。但是由于我国很多学生对写作有一定的畏惧心理，因此写作教学一直达不到理想的效果。小组合作学习可以帮助学生缓解写作的紧张、恐惧心理，让学生利用写作表达自身的想法。由此可见，写作能力的提高也和合作学习密不可分。

综上所述，将合作学习应用到英语读写一体化教学模式之中很有必要，对于学生读写能力的提升以及整体语言水平的提高都大有裨益。

二、合作学习的普遍应用方法

(一)参加研讨

在完成某一阶段的教学任务后,英语教师需要通过总结回顾对自己的教学实践做出判断,包括英语教学设计是否合理、教学过程是否顺利、教学目标是否适用于所有学习者、自身教学行为是否能够调动学习者的积极性以及教学策略是否有利于教学目标的实现等。

教学总结回顾利于提升英语教学实践的合理性,是提高英语教师的有效途径。学者理查德(Richards,1996)和洛克哈特(Lockhart,1996)从教师和学习者两种不同的视角以自问的形式对教学总结回顾进行了描述,具体内容如下所述。[①]

教师视角:
(1)教师的作用。
(2)怎样收集有关教学的信息。
(3)我是一名什么样的教师。
(4)如何使语言表达方式更有利于教学。
(5)评价教学的标准。
(6)教与学的观点是什么,观点的来源及影响。
学习者视角:
(1)学习者如何理解教与学。
(2)何种学习策略受学习者喜爱。
(3)何种教学活动受学习者喜爱。

纽南(Nunan,1989)从教师的语言、行为、备课和课堂结构、教学内容、学习者行为等方面归纳了可以对教学总结进行回顾的问题。[②]

[①] 张鑫.英语教学的理论与实践[M].北京:知识产权出版社,2012:193.
[②] 张鑫.英语教学的理论与实践[M].北京:知识产权出版社,2012:194-195.

第六章　英语读写一体化教学模式之合作学习

教师语言：
(1)教师的语言表达要清晰。
(2)教师对启发式教学的运用。
(3)教师经常对学习者给予肯定。
(4)教师时刻注意学习者的理解情况。
(5)课堂教学中教师讲得多，学习者参与少。
(6)解释问题时语言清晰。

教师行为：
(1)对某些活动时间的安排应该延长。
(2)教师对困难问题讲述太快。
(3)与其他教师的区别。
(4)教师对学习者控制和约束太多。

备课、课堂结构：
(1)充分备课。
(2)教学目标不清楚。
(3)依据课程计划完成教学任务。
(4)学习者的思考时间应该延长。

内容：
(1)学习者对话题是否感兴趣。
(2)文化知识的输入。
(3)文化背景知识的传授。

学习者行为：
(1)学习者对教学目标是否清楚。
(2)学习者相互合作，共同进步。
(3)鼓励学习者的自我纠正。

在具体的英语教学过程中，教师和学生都应该增加沟通与交流，对教学与学习过程进行总结与回顾，从而更好地展开后续的合作学习活动。

(二)科研小组

在传统英语教学中，学生的学习状态比较被动。但是，随着经济和社会的发展以及跨文化交际的不断推进,英语学习者面临着新的要求和挑战,学生除了要具备基本的语言水平之外,还需要具备较强的科研素质和学习。因此,在教学中可以通过组建科研小组的方式锻炼学生的思维,提升其钻研的能力。

(三)参加社团

随着计算机的普及,网络的开发和利用,学习者之间的交流也变得更加快捷、方便、容易。在互联网上,学生可以通过多种渠道进行交流,交换意见和看法,或是寻求帮助。许多学校也设有自己的网站,给学生提供相互交流的机会。学生在学习中碰到了自己不能解决的问题或有自己感到困惑的问题等都可以通过网络交流来解决。利用网络开展学习的方式主要包括如下几种。

1. 浏览学习网页

学生通过互联网进行搜索,就可以获取大量的英语学习网站,这些网站中囊括了各种各样的英语学习内容,如英文原版电影、口语、听力、翻译、阅读、写作等,这些网站中的资料往往形式生动、内容丰富,可在一定程度上拓宽学生的视野。下面是几个学习英语的网址。

http://eleaston.com/english.html

http://www.teachingenglish.org.uk/

http://eleaston.com/

http://www.eslcafe.com

在互联网上,英语教师可以搜索 EFL(English as a Foreign Language),TESL(Teaching English as a second language),ESL(English as a Second Language),English learning,English Study,TEFL(Teaching English as a Foreign Language)等字样来查找英语学习网址。

学生对资料的收集与选择也有利于日后合作小组的运作,从而促进整合合作学习的进行。

第六章　英语读写一体化教学模式之合作学习

2. BBS

在 BBS(Bulletin Board System,电子布告栏系统)中,学生可以针对某一个问题留言,与其他人开展讨论。

例如,如果学生在英语学习过程中遇到困扰,就可以将自己的难题发布到 BBS 上,很快就会得到他人的帮助而获知解决办法。下面推荐几个常见的 BBS。

http://club.topsage.com/forum.php?gid=3
http://bbs.yingyu.com/forum.php
http://forum.sohu.com/forum/index.html
http://bbs.24en.com/forum-586-1.html
http://bbs.kekenet.com/

在互联网上,学生可以搜索"英语学习论坛""英语 BBS"等来找到更多的 BBS,这种论坛其实也是一种合作交流学习的方式,是时代发展下的新型学习渠道。

3. 订阅英语学习杂志

随着网络的普及,很多杂志都创办了电子期刊。英语学习者可以通过电子邮件来收取一些与英语学习相关的杂志。下面是一些免费的电子邮件杂志。

up-to-date-idioms-subscribe@onelist.com
该电子邮件的内容主要涉及的是对美国成语的分析。
vu47-request@burger.forfree.at
该电子邮件的内容是关于英语词汇、短语、语法等的学习。
lis@soim.com
该电子邮件是关于英语文化知识学习的。
trivia@mailbits.com
该电子邮件每天发送的内容是关于解释、表达某个英语单词的。

4. 通过聊天室用英语交流

当前,很多人对网上聊天已经习以为常。通过与母语为英语的人进行聊天,英语学习者可以接触到真实、自然、地道的英语,获取高质量的输入信息,从而有效提升自己的英语读写能力,进而将能力有效地应用到英语课堂中。下面是一些常用的英语聊天室。

http://www.oeol.net/oeol/gb/index.asp
http://domstat.net/english-at-home.com.html
http://www.weirdtown.com/chat/
http://events.yahoo.com/netevent/Chat_Rooms/
http://www.tolearnenglish.com/

这种网络上的文字交流对于学生的合作学习意识、读写能力和思维能力都有一定的锻炼。

5. 利用博客学习知识

作为一种网络交流的工具,博客是以个人为主的平台。博客主人用日志的形式呈现丰富多彩的知识,学生可通过浏览博客主页获取自己所需的知识。此外,学生还可以通过留言与博客主人沟通,在讨论、互动中达成共识,获取新的认识。这个过程中也会锻炼学生的阅读与写作能力以及综合的语言表达能力。

6. 利用互联网查询资料

除了上述几种学习形式,学生还可以通过百度、谷歌、词典、图书馆、百科等来解决教学学习过程中所遇到的难题。下面是一些常用的查询系统。

https://en.wikipedia.org/wiki/Main_Page
http://www.ipl.org/
http://clever.net/cam/encyclopedia.html
http://books.google.com.hk/

http://www.m-w.com/dictionary

三、读写教学中合作学习的针对性应用方法

(一)建立与完善合作学习系统

英语读写合作学习的基础在于合作学习系统与流程的建构,要想保证这一步骤的完善,首先就需要了解当前英语教学的特点,可以设置一些基本的模块。

(1)建立并完善教师引导模块。在合作学习过程中,教师的引导与组织是首要条件。具体而言,教师引导模块可以保证合作学习在教学范围内与实际相符合,同时为合作学习提供有力支持,如设置教学目标、导入课堂、为合作学习中学生的问题进行答疑等。

(2)建立并完善学习模块。在合作学习中,学习模块是其核心。一般来说,教师需要提前对教学进行组织,然后让学生进行合作,或者组成小组,之后教师根据每一个小组的情况布置写作课题,最后小组通过讨论、反馈讨论结果,完成初步成果。

(3)建立并完善监控及求助模块。在合作学习中,监控与求助有着十分重要的作用,有助于提升合作学习小组的写作质量和进度,保证读写的进度。但是,在开展监控与求助之前,教师需要从小组的具体情况出发。一般来说,求助模块有助于合作小组成员避免读写障碍的发生,如果遇到读写障碍,合作小组的成员可以求助小组内其他成员,如果有必要,也可以向教师求助。

(二)加强读写网络平台的构建

与传统的合作学习模式相比,英语读写合作学习的网络化可以大大缩短读写教学的时间与空间,具体来说表现为如下两点。

第一,学生在基本的课堂教学与讨论之外,还可以在合作学习的网络平台上展开随时性的合作学习,也可以对学习中遇到的

常见问题展开诊断,从而大大提升学习的时间维度。

第二,通过网络平台,教师可以定期发布在线读写资源、英语读写知识等,从而供学生进行参考与下载,也可以将近期的题目与安排公布出来,便于学生进行自主选择与合理安排。

另外,网络平台中的留言、在线交流、E-mail 等形式的运用,冲破了时空限制,通过网络,学生与教师或者小组内其他成员之间展开互动。可见,网络平台的建构可以帮助教师与学生之间、学生与其他学生之间加强联系。同时,学生也可以通过网络进行数据分析,从而构建属于自己的读写数据库,便于教师仔细分析和研究学生读写学习中的问题,并就这些问题给予学生一定的帮助。

(三)丰富英语读写合作的形式

要想使英语合作读写的形式更加丰富,也可以采取以下措施。

(1)从题材选择上入手,让题材与现实更加贴近,如选择学生比较有兴趣的话题或当前的热点,这样有助于激发学生的读写兴趣和积极性。

(2)教师可以引导学生看一些诸如 hero,lost 等的美剧,然后组织学生对观看的美剧进行讨论,或者写观后感。

(3)如果条件具备,教师还可以让学生就读写的内容进行话剧表演,然后其他同学在观看过程中给予具体的意见,并对不同小组的表演情况展开对比与分析。

很明显,上述这些方式都比较趣味性与生活化,学生在此过程中会不断提升自己的读写水平与能力。

可见,合作学习在英语读写教学中是非常有效的方法,如果教师能够将上述这些合作学习方法与读写教学结合起来,那么必然会提升学生的英语读写水平。

第六章　英语读写一体化教学模式之合作学习

四、合作学习应用到英语读写一体化模式中的注意点

在将合作学习应用到英语读写一体化教学模式中时，需要注意以下几个方面的内容。

（一）灵活应用合作学习方法

在阅读教学中，合作学习主要包括意义协商、问题解决等内容。教师应该针对具体情况，注意设计和合理安排学习活动，从而激发学生兴趣、提高学生的学习效率。例如，对于阅读教学可以展开小组讨论，让小组成员进行结构分析等。

由于英语阅读教学受到课堂时间的限制，课外阅读又缺乏一定的阅读环境。因此，在学生选择课内外阅读资料时，教师可以协助学习小组做出选择，并给予学生一定的指导，帮助小组以阅读内容制订阅读策略。在完成阅读材料之后，小组成员可以就阅读中遇到的疑惑进行讨论，从而丰富自己的阅读技巧。

写作是英语语言输出的重要表现，在写作教学中可以展开合作学习的方式。利用合作学习可以提升学生的写作欲望，让学生将写作变为一种思想和心灵的表达出口。教师可以给学生列出几个写作题目，然后让学生就写作题目进行阅读并写作，从而真正落实读写一体化的教学模式。

（二）转变教师的角色和作用

在合作学习中，学生以小组为单位进行学习任务的展开，是学习的中心和主体，此时教师所承担的是指导的作用。因此，教师应该充分了解合作学习以及合作学习活动中教师的职责，不断调整自身角色，变为教学活动的指导者和咨询者，引领和帮助学生解决合作学习中的问题，保证学习过程的顺利进行。

具体来说，在阅读教学中，教师应该注意问题的难易程度，将合作学习是否有助于提升学生的读写能力作为衡量的尺度，努力

挖掘小组的闪光点。在写作教学中,教师应该注意扮演好主持人和协作者的角色,重视师生互动和学生互动,为学生提供及时、有效的引导与服务。

(三)建立学生能力评价机制

评价机制的建立有助于教师更好地了解小组合作学习的开展以及小组成员的参与情况,同时还有助于学生进行自我评价,提升自身学习的积极性。

英语读写活动中的合作学习带有一定的特殊性。因此,开展合作学习之前制订出适当的评价机制有助于合作学习的展开。除此之外,评价机制还有助于教师更加客观、公平地评价小组活动。

个人责任与同伴互信是评定合作学习小组以及小组成员学习活动的重要依据,这两种思想是相辅相成的。教师可以根据合作学习活动的开展以及小组任务的完成情况对学生的表现展开评定。

合作学习是较新的教学理论与策略,对于英语读写一体化教学模式的展开有着积极的促进作用。在英语教学改革以及读写能力的提升过程中,也需要正视合作学习的深远影响,从整体上提升学生的英语学习能力。

第七章 英语读写一体化教学模式之评价形式

在英语读写一体化的教学过程中,教学评价是最后一个环节,不仅能够对教学效果进行有效的检验,还能为教师提供及时的反馈,从而为教学方式的修正创造良好条件。可见,正是通过教学评价的有效进行,整个教学流程才形成一个完整的链条。本章就来探讨与英语读写一体化教学模式之评价形式相关的内容。

第一节 教学评价概述

一、教学评价的定义与功能

(一)教学评价的定义

"评价"这一概念是由泰勒(Tyler)提出的,与测试的内涵极易混淆。在很多学者眼中,评价是人类认知活动中的一部分,且是非常特殊的部分,它能够揭示出整个世界的价值,并对其进行创造与构建。

将评价的理念运用到教学之中就形成了教学评价。对于教学评价,通过总结中外学者的观点,可以归结为四点。

(1)教学评价是一种有系统性地去搜寻资料,以便帮助使用者恰当地选择可行的途径的历程。这种观点认为,教学评价是一种有系统性地去搜寻资料，以便帮助使用者恰当地选择可行的途径的历程，这一观点也有利有弊，其优点在于强调了教学评价在决策层面的作用，其弊端体现在很容易让人产生教学评价等同于教学研究的观念。实际上，教学评价与教学研究存在着差异，即研究目的与侧重的价值不同。在研究目的上，教学研究是为了获得结论，而教学评价是为了指导实践；在侧重价值上，教学研究是为了获取真知，而教学评价是为了获得价值。

（2）教学评价等同于专业判断。这种观点将教学评价与专业判断等同，这是考虑到评价人员的主观性这一因素，认为教学评价的目的在于分清好与坏。但是，这一观点也是错误的、片面的，因为教学评价不仅是为了分清楚好与坏，还是为了找寻恰当的因素，对评价进行指导。

（3）教学评价等同于教学测验。这种观点将教学评价与教学测验等同，这是当前学者在教学测验的辅助下做出的认知。但是，教学评价与测验在本质上存在差异，因此将两者进行等同是错误的、片面的，主要基于以下两个层面的原因。

第一，教学实验将对教学现状的描写作为重点，目的是获得可观实施，而相比之下，教学评价将对教学情况的解释与评判作为重点。

第二，教学测验主要将数量统计作为重点，侧重于数量化，而如果有些教学事实不能做数量统计，那就不能称为教学测验，这恰恰违背了教学评价的定义。也就是说，教学评价不仅涉及数量分析，也涉及对事物性质的确定。

（4）教学评价是一种将实际表现与理想目标进行比较的历程。这种观点将教学评价看作一种将实际表现与理想目标进行比较的历程。与其他观点相比，合理性更高一些。持有这一观点的学者指出，教学评价内容、评价方法是对现实与预期的比较。但是，这一观点对于教学效果的评价过分侧重，未考虑教学过程。因此，这一评价观点较为宽泛，让测评者很难把控评价内容的主次，因此也不可取。

第七章　英语读写一体化教学模式之评价形式

显然，上述观点各有利弊。这里将教学评价界定为：基于教学这一对象，从教学规律、教学目的、教学原则出发，运用可行的技术和手段，来解释教学对象与目标的价值判断过程。

（二）教学评价的功能

概括来说，教学评价的功能主要体现在以下几个方面。

1. 导向功能

导向功能是指教学评价引导教学朝国家教育发展方向前进。教学评价必须形成一个科学的体系，使评价为教师和学生确定全面发展的达成性目标。因为教学评价来源于教学实践并落实在教学实践上，只有先于教学实践而发挥作用，才能真正发挥指导功能。教学评价具有一个导向的基本框架，这只是一般意义上的导向，超前评价的导向构想也是评价的一个重要构成。教学评价的结果直接影响着教师的教和学生的学。学校教育应体现国家的教育方针，根据国家对学生德、智、体、美、劳五个方面的要求来把握教学与评价的内容。学校必须意识到教学不仅仅是在教授学生知识、训练学生基本技能，更重要的是努力开发学生各方面的潜能，增强他们的社会责任感，使他们成为独立的、有思想、有素质的人。

2. 诊断功能

教学评价的诊断功能是指教师通过评价，了解教学的成效和缺陷、矛盾和问题，并据此诊断结果提出具有针对性的改进措施。教学评价的诊断功能针对教师的教学效果和学生的学习结果。全面的教学评价工作，可以诊断教师的教学质量，可以了解教师的教学策略、教学方法、教学内容是否科学合理，还可以体现出教师与学生的关系是否融洽；能判断学生的成绩在多大程度上实现了教学目标，而且可以通过评价了解学生学习效果不佳的原因。

3. 预测功能

预测功能是指获得尽可能多的数据和事实，筛选并分析可供评价的因素，根据评价对象的现状来预测其发展趋势。若要充分发挥评价的预测功能，必须充分掌握、整合、加工、分析评价对象的各项信息，对学生的发展提供有价值的指导和意见。

4. 激励功能

教学评价的激励功能体现在，它能够激发评价对象的斗志。

首先，教学评价对学生也有激励作用。教学评价能够及时而全面地反映出学生在学习中取得的进步和存在的各种问题。

其次，教学评价能够为教师的教学改革决策提供必要的参考信息。教师可以通过这些信息了解学生学习中的个别性问题和普遍性问题，并进一步了解这些问题的性质、程度以及产生的原因。

最后，教学评价还能帮助教师利用各种评定量表了解学生在每一阶段的达标情况、在学习各项内容中表现出来的能力以及在班级中所处的位置，进而做到因材施教。

二、教学评价的对象与原则

（一）教学评价的对象

概括来说，教学评价的对象涉及以下五个方面。

1. 对课程的评价

合理、科学的课程设置对于提升教与学的质量非常有帮助，因此教学评价首先需要对课程进行评价。课程评价主要是对课程价值、课程功能的评价，但是为了更好地开展课程评价，需要考虑和了解如下三种模式。

第七章　英语读写一体化教学模式之评价形式

(1)目标游离评价模式

目标游离评价模式,又可以称为"无目标模式",是由学者斯克里文(Scriven)提出的。斯克里文批判了泰勒的评价模式,并指出为了将评价中的主观因素降低,因此不能在设计方案时明确将活动目的告诉评价者,这样评价的结果就不会受到预定目标的制约。

(2)决策导向评价模式

决策导向评价模式,又可以称为"CIPP模式",是由著名学者斯塔弗尔比姆(Stufflebeam)提出的。这一模式的中心在于决策,是将背景知识、输入、过程、结果结合起来的一种评价模式。

(3)行为目标评价模式

行为目标评价模式是由泰勒提出的。这一模式的中心在于确定目标,从而在此基础上组织教学评价。泰勒认为,既定目标决定着教学活动的开展,而教学评价也是判定的实际的教学活动,从而根据反馈对教学进行改进,使教学效果与既定目标相接近。

2.对教学过程的评价

在教学过程中,大多数评价对于教学效果都非常侧重,即学生的实际成绩。但是,大多数评价都忽视了教学的过程。因此,一些学者开始对形成性评价进行研究,并从中衍生出了对教学过程的评价这一新的评价。

一般情况下,对教学过程的评价可以从两个角度分析:一是对教学过程进行系统型的评价;二是对教学过程中各个环节进行评价。

(1)对教学过程进行系统性评价

对教学过程进行系统性评价是指以某一节课作为教学内容或目标,对课堂开始之前、课堂开始之中、课堂后练习进行系统和整体的评价。

(2)对教学过程中的各个环节进行评价

对教学过程中各个环节进行评价主要是对课堂之前的学习、

课堂教学、课后的练习进行观测与评价。这样做的目的是引导教师关注和把握教学的各个环节,将各个环节视作重点。

3.对教学管理的评价

所谓教学管理,是指将教学规律、教学特点作为依据,对教学工作进行组织和安排。对教学管理进行评价是对教学过程与结果的评价。通过这一评价方式,评价者可以挖掘出教学管理中的问题,并对其进行改进。

在进行教学管理评价时,需要注意以下两个方面的问题。

(1)对教学管理进行评价时,需要注意评价的指标的合理性与科学性,即需要将教学规章、教学计划、教学步骤、教学检查等囊括进去。

(2)对教学管理进行评价时,需要注意评价的内容不仅包含对课堂的管理,还包含对学校的管理等。

4.对教师的评价

在教学过程中,教师处于主导地位,教师素质的高低对于教学效果、学生成长意义巨大。因此,评价教师素质与能力显得尤为重要。具体来说,对教师的评价主要包含如下几点。

(1)对教师能力素质的评价,包括独立进行教学活动的能力、独立完成教学工作量的能力等。

(2)对教师工作素质的评价,包含教学质量、教学成果、教学研究、教学经验等。

(3)对教师可持续发展素质的评价,包含教师发展的潜能、自觉求发展的能力、接受新方法与新理论的能力、本身的自学能力等。

(4)对教师政治素质的评价,包含工作态度、遵纪守法、为人师表、教书育人、政治理论水平、参与民主管理、良好的文明行为、坚持四项基本原则等。

第七章　英语读写一体化教学模式之评价形式

5.对学生的评价

学生是学习活动的参与者,是教学过程中不可或缺的主体。因此,对学生进行评价是教学评价的主要内容。

通过评价,教学者为了对学生有充分的了解与把握,为社会培养出更优秀的人才,就必然需要对教学进度不断展开调整。具体而言,学生评价涉及如下三种。

(1)学力评价

学力与发展观、人类观、学校观等有着密不可分的关系,受时代的影响,教育与学校的要求越来越高,这就导致学力也在发生改变,产生不同的学力观。就整体而言,人们对学力的认知有两大方向:一是强调学力是对技能与知识的掌握而形成的能力,二是强调学力是教学的结果,是后天形成的。因此,可以将学力定义为:学生在学业上所获取的结果。而学力评价可以对学生的学习能力、个体差异进行甄别,从而使不同层次的学生完成自己的学习目标。

(2)学业评价

学业评价是从学科课程的目标与内容出发,对学生个体、群体展开的成果式评价。学业评价具有促进性、补救性与协调性。其一般以测量作为基础,对学生个体的学习进展情况加以反映,最后做出推断。

(3)学生的品德与人格评价

对学生的品德与人格进行评价也是十分必要的。具体来说,这方面的评价更加侧重于教学内容的思想性与科学性。

(二)教学评价的原则

为将教学评价的作用充分发挥出来,应遵循以下几项原则。

1.过程性原则

教学过程强调发展,是指教学评价为了改进教学质量以及促进学生的发展,观察学生的表现。因此,教学评价强调用质性评价去统整定量评价,不错过情感、态度等对评价对象的发展影响较大的因素;强调对人性的关怀以及个体的全面发展。

教学评价应强调过程与发展,具体包括三个方面的内容。

(1)宏观上,有效教学的评价既注重对教师"教"的过程的评价,也注重对学生"学"的过程评价。

(2)中观上,教学的评价不应只是发生在教学结束后,而且发生在教学设计和教学实践的整个过程之中。

(3)微观上,教学评价直接针对课堂教学活动的历程,结合课堂教学的目标来评价课堂教学的效率。

教师要明白,评价是一种连续性的过程,且有一定的规律可循。为了实现对学生学习评价的过程性,教师要把评价对象当前的状况与其发展变化的过程联系起来,并将一次性评价改为多次性评价。因此,教师要将对学生的评价纳入正常的教学过程之中,使其对学生的学习和教师的教学真正起到实时监控的作用。

2.真实性原则

教学评价讲求真实,真实的生活环境强调真实性任务、真实的挑战,要在真实的生活情景下对学生的发展进行评价。

(1)在教学评价开始之前,制订好清晰的评价工具,相当于"检核表"。

(2)真实性评价承认个体之间的差异,主张对不同的学生采取不同的评价策略。

(3)在现实生活的真实情境中,给学生呈现开放的、不确定的问题情境,并且让学生通过知识和技能的整合来完成任务。

(4)评价通常被整合在师生日常的课堂活动中,成为教师教学和学生学习的一部分。

3.多元性原则

多元性原则主要通过主体与对象两个层面来体现。

第七章　英语读写一体化教学模式之评价形式

(1)评价主体的多元性

无论是对教师教学的评价还是对学生学习的评价,教师和学生都要参与到其中。此外,评价主体还包括与教育活动有关的学生家长、社会机构等,从而丰富评价主体的构成系统。

(2)评价对象的多元性

评价对象应该将教学目标、教学评价者、被评价者、课程参与者包括在内。这样有利于保持评价结果的信度和效度,降低评价的消极影响。

将教学目标纳入评价对象之列,可以随时对教学目标进行评价,从而有利于对教学过程进行调整,促进教学效果的不断提高。

教学评价者应当既是评价的主体,也是评价的对象。将教学评价者也列入评价对象之中,可以促使其不断提高自身水平、技能,从而有利于提高评价结果的效度和信度。

将被评价者的主观情感、心理因素、能力等融入教学评价中,将有利于被评价者的全面发展。

课程参与者包括参与课程开发、编制、设计的人员,以及参与课程实施和课程管理的人员。

4.目的性原则

没有了目的性,教学评价也就从根本上失去了存在的意义。因此,教学评价并不是盲目进行的,而是有一定目的的。

学生应对教学评价的诸多方面有所了解,如教学评价的重要性、各种评价方式的操作和作用等。

教师对于各种评价方法的目的和其预期的效果都应有所了解,不同评价方式的预期目标不同,适用的范围也不同,只有这样教师才能在诸多评价方式中做出正确的选择。

此外,教师在选择时还应结合自己班级和课堂的具体情况,并且注意各项方法技巧的作用。

5.效率性原则

注重效率是教学评价应当遵循的一个重要原则,具体可从以下几个方面入手。

(1)监控教学评价所采用的方法。这有利于方法的调整和具体操作等,从而保证教学评价的作用充分发挥出来。

(2)课堂教学活动具有一定的目标,每一个教学环节都应围绕着课堂教学目标而进行。

(3)教学评价要以学生自评为主,推动他们成为自主学习者;通过自评学生从学习目标完成的情况中发现自身存在的问题。

(4)评价的整个过程都需要让学生理解,如让学生理解所采用评价方法的作用和操作方式。最后要让学生看到教学评价给他们的学习带来的切实效益。只有让学生看到评价的实际效用,他们才会积极主动地配合。

6. 主体性原则

教学评价中的主体性原则是指,应将教师与学生的主体性充分发挥出来。两者具有同等的重要性,不可偏废。

教师必须充分发挥主体作用,掌握课堂评价的各种技巧,把课堂评价纳入正常的课堂教学之中,增强反思性教学研究。此外,教师必须清楚评价的目标要求,掌握评价的基本操作技能,同时还应该积极参与课堂评价指标体系的制订。

学生是教学过程中的主体,教学评价最终是以促进学生的发展为目标的。因此,教学评价始终应该强调学生的自我反思以及对学习过程的调控,这样有利于其综合语言运用能力的发展。

教师的主体性是为了学生主体性服务的。教师应该让学生了解自我评价的方法,从而使其不断提高学习的自主性。

三、教学评价的类别

根据不同的分类标准,教学评价可以分为不同的类型。

(一)定量评价和定性评价

按照评价表达,教学评价分为定量评价和定性评价。两者互

第七章　英语读写一体化教学模式之评价形式

为补充,相得益彰,不可片面强调一方面而忽视了另一方面。

1. 定量评价

定量评价是从"量"的角度,运用统计分析、多元分析等数学方法,在复杂纷乱的评价数据中总结出规律性的结论。由于教学涉及的各种变量及其相互关系比较复杂,因此为了提示数据的特征和规律性,定量评价的方向、范围必须由定性评价来规定。

2. 定性评价

定性评价是对评价资料进行"质"的分析,即运用分析和综合、比较与分类、归纳和演绎等逻辑分析的方法,对评价所获得的数据、资料进行思维加工。通常情况下,定性评价不仅用于对成果或产品的检验分析,更重视对过程和要素相互关系的动态分析。

(二)绝对评价和相对评价

按照评价标准,教学评价分为绝对评价和相对评价。

1. 绝对评价

绝对评价是指在被评价对象的集合之外确定一个标准,这个标准也被称为"客观标准"。在进行绝对评价时,需要把评价对象与客观标准进行比较,从而判断其优劣。绝对评价的标准一般是教学大纲以及由此确定的评判细则,因此比较客观。如果评价是准确的,那么评价之后每个被评价者都可以明确自己与客观标准的差距,从而可以激励被评价者积极上进。当然,绝对评价也存在一些缺点,最明显的缺点是其所谓的客观标准很容易受评价者的原有经验和主观意愿的影响,很难真正做到所谓的"客观"。

2. 相对评价

相对评价是指在被评价对象的集合中选取一个或若干个个

体为基准,然后把各个评价对象与基准进行比较,确定每个评价对象在集合中所处的相对位置。教师可以通过相对评价来了解学生的总体表现和学生之间的差异,或比较不同群体间学习成绩的优劣。但是相对评价也存在一定的缺点:基准会随着群体的不同而发生变化,这就容易使评价标准偏离教学目标,不能充分反映教学的优缺点,不易为改进教学提供依据。

(三)诊断性评价、终结性评价和形成性评价

按照评价功能,教学评价可分为诊断性评价、终结性评价和形成性评价。

诊断性评价也称"事前评价",它是为了使教学适合于学习者的需要和背景而在一门课程和一个学习单元开始之前,对学习者所具有的认知、情感和技能方面的条件进行评价。布鲁姆认为,诊断性评价旨在促进学习,为缺少先决条件的学生设计一种可以排除学习障碍的教学方案,为那些已经掌握了一部分或者是全部教材内容的学生设计一些发挥其长处并防止厌烦和自满情绪的学习方案。可见,诊断性评价的目的是通过收集有关信息来确定特殊教育的对象、培养目标和方案。

诊断性评价可以在教学开始前进行,也可以在教学过程中进行。在教学开始前的评价,主要是为了测试学生的水平,从而根据测试结果给予适当安置;在教学过程中的诊断性评价主要确定学生学习存在的问题及其原因。在教学过程中,教师要想设计出适合学生特点的教学方案,就必须深入了解学生已有的知识、技能的掌握程度,了解他们的学习动机状态,发现他们学习中存在的问题及原因等。教师可以通过多种方法和途径获取这些情况,而诊断性评价就是最常用、最有效的手段之一。

终结性评价与形成性评价将在本章第二节、第三节分别进行讨论,此处不再赘述。

第七章　英语读写一体化教学模式之评价形式

四、教学评价的步骤

教学评价是一个有目的、有计划的活动过程，通常需要按照一定的流程或程序进行。

（一）确定评价的方向

追求价值是人类活动的内在动力，而教学评价正是一种价值判断。有效教学的终极价值应该以过程价值为基础，终极价值是学生的全面发展，过程价值是学生素质的沉淀。

就目前的情况来看，国内评价的方向存在着以下三个问题。

（1）注重结果的有效性而忽略过程的有效性。一般来说，效果并不仅仅表现在结果上，也表现在过程中，而这种效果又往往不是教学目标所能涵盖的。

（2）教学效果并非全都立竿见影，教学效率不取决于相同时间内所产生的问题。所以，不能以经济学中"投入产出"的观点简单类比教学活动。

（3）强调量化和可测性，忽略了质性评价。在实际教学中，只有结果性目标才能量化，体验目标是无法量化，也是不应该量化的。

（二）制订评价的指标体系

教学评价的指标应该涉及课堂气氛、教学资源以及教学效果几个部分，这几个部分具有各自的目的。概括来说，评价指标体系的有效性可以从以下几个方面去衡量。

（1）指标体系是否具有效度和信度。

（2）指标体系与教学目标的一致性。

（3）评价方案能够在多大程度上为被评价者提供明确的指导。

（4）使用该评价方案的人员是否能够接受它。

需要注意的是，确定了指标体系之后，评价实施者还需要接受有针对性的培训，以便具备相关的知识和能力。

(三)选择合适的评价技术和方法

为准确反映学生的学习状况与存在的问题，使评价结果能够为教师提供有效的反馈，在进行教学评价时应对学生的学习习惯、接受程度、学习能力以及教学进度、教学难度等各种因素进行综合考虑，从而选择合适的评价技术与方法。

此外，评价时还应进行多种手段的有效结合，如定性分析和定量分析的结合、过程性评价与终结性评价的结合。从一定意义上来看，对复杂的教育现象进行适当的定性分析比单纯的定量描述更能准确、恰当地反映实际情况。

(四)实施评价

实施评价包括以下四个步骤。

(1)根据指标体系来制订评价计划。向被评对象宣传评价的目的、作用、步骤等信息，使其消除对评价的抵触情绪。

(2)运用一定的方法搜集评价所需要的相关信息。

(3)筛选和统一分析所搜集的信息，并与评价指标作比较，得出评价结论。

(4)反馈评价结论。这可以让被评价者清晰地认识自己目前的行为和效果以及有利和不利因素，并根据评价者的改进意见，使自己的后续行为发生特定的变化。

为了提高反馈的有效性，评价者需要注意以下操作技巧。

第一，使用描述性而不是评价性的语言进行反馈。

第二，要根据被评价者的具体行为，明确指出他们的优点和缺点。

第三，要使用合适的反馈途径，如面谈、书信、电话等，使评价结论能够为被评价者接受。

第四，指出被评价者可以控制的不良行为。

第七章　英语读写一体化教学模式之评价形式

第二节　英语终结性评价

一、终结性评价概述

终结性评价也称"总结性评价"或"结果性评价",它是在某个相对完整的教学阶段结束后对整个教学目标实现程度做出的评价。

一般来说,终结性评价的特点主要体现在以下三个方面。

(1)从评估内容来看,终结性评价具有较高的概括性,内容往往是知识、技能等的结合。

(2)从内容分量来看,终结性评价主要评价的是学生在某一时期或某一阶段对课堂内容的掌握情况,因此比较全面,分量较大。

(3)从评价目标来看,终结性评价主要评价的是某一时期或某一阶段的教学情况,往往需要通过成绩来展现,从而为学生的下一步学习做铺垫。

终结性评价的作用主要体现在以下四个方面。

(1)评定学生成绩。

(2)对学生的学习提供反馈。

(3)预测学生在后继学习中成功的可能性,并确定学生在后继学习中的起点。

(4)证明学生掌握知识、技能的程度和能力水平。

二、终结性评价的策略

在终结性评价中最常见的策略是测试(test)。美国著名心理学家安妮·安娜斯塔西(Anne Anastasi)认为,测试其实是对行为样本进行的标准的、客观的测量。这一界定被认作是最权威、公正的。

（一）测试的要素

概括来说，测试主要涉及以下三个要素。

1. 客观的测量

所谓客观的测量，主要是对测量标准的强调，即标准是否与实际相符合。要想评定某一项测试是否具有客观性，可以考虑如下几点。

（1）测试题目的难易度和区分度如何？
（2）测试结果的可靠性程度如何？
（3）测试结果的有效性如何？

这三个指标是对一项测试质量是否过关的重要衡量因素。

2. 行为样本

所谓行为样本，指的是对语言能力表现行为进行的有效的抽取样本活动。在测试中，受试者往往比较广泛，加之每个受试者也有着自身的特点，所具有的语言能力也不尽相同。因此，测试无法涵盖受试者的全部表现，只能选择代表性强的样本进行测试，从而以这一检测作为依据，对受试者的语言能力进行评估与推测。

3. 标准化的测量

所谓标准化的测量，指的是测试的展开、题目的编制、对分数的解析等要按照一套严密的程序展开。只有进行了标准化测量，才能保证受试者的测试结果更具有有效性与真实性。

（二）测试的手段

根据不同的标准，英语测试的形式也有所不同，具体而言可

第七章　英语读写一体化教学模式之评价形式

以划分为如下几种。

1. 以评分方式为标准

以评分方式为标准,测试可以划分为如下两种。

(1)客观性测试

客观性语言测试的题型较为单一、固定,学生只需要在相应位置做出答案即可,存在猜测的成分,因此很难测量出真正的语言能力。

(2)主观性测试

主观性测试的题型有很多,且设计也非常容易,学生可以自由陈述自己的观点与想法,这是对学生语言运用能力的考查。

2. 以测试用途为标准

以测试用途为标准,可以将测试划分为如下几种。

(1)成绩测试

成绩测试主要是对学生所学知识的考查,通常是从教学大纲出发来设定的,是广大师生较为熟悉的一种测试。

(2)水平测试

水平测试主要是对学生语言能力的测试,即主要测试学生是否获得了语言能力,达到语言教学的水平,决定学生是否可以胜任某项任务。水平测试与过去的教学内容与学习方式并没有直接的关联性。

(3)诊断测试

诊断测试主要是对学生语言能力与教学目标差距之间的确定,从而便于从学生的需求出发来设计题型。诊断测试主要是课程展开一段时间后对学生进行的一定范围的测定。通过评估学生这段时间的表现,确定是否学到了应有的知识,进而发现教学中的问题,改进教学,力图做到因材施教。

(4)潜能测试

潜能测试主要用于评估学生的潜能或者语言学习天赋。潜能测试不是根据教学大纲来设定的,对学生掌握知识的多少也不在意,而是测试学生的发现与鉴别能力,可能是学生从未接触过的东西。

3.以学习阶段为标准

以不同的学习阶段为标准,学习测试可以划分为如下四种,这是从一个学期来说的。

(1)编班测试

编班测试主要是为分班做准备的,是从学生入学考量的。通过进行编班测试,教师可以对学生的语言掌握情况加以了解,从而有助于教材的选择与安排。编班测试还会从学生的水平出发,将程度相似的学生编制在一起,进行统一化的指导,从而实现真正的因材施教。由于编班测试对于学生的差异性要求明显,因此在题型设计时应保证连贯与全面。在编班测试过程中可以采用应用语言学中的调查法和比较法,从而提高编班的科学度。

(2)随堂测试

随堂测试是指学生经过一段时间的学习后,对学生进行的小测试。通过随堂测试,教师可以了解学生每节课的学习程度和语言使用情况,为日后教学的改进打下良好的基础。

在具体的操作过程中,随堂测试一般时间短、分量少,形式多样。一般情况下,随堂测试的形式很多。在题目设计时,应该保证适宜的难度。

(3)期中测试

在进行期中考试时,教师往往会组织学生复习或者让学生自己复习,之后让学生参加统一考试。期中考试不仅让学生产生紧张感与阶段感,还能激发他们的独立思考能力,对知识形成一定的系统。此外,期中测试除了可以将教学大纲的要求体现出来,还会基于随堂测试,形成一定的系统。

(4)期末测试

期末测试的题型应该从教学大纲出发,将本学期学生的学习

第七章 英语读写一体化教学模式之评价形式

内容反映出来,但是也不能完全照搬教科书,应该具有灵活性,从而更深刻地检测学生的学习情况。

与以上三种相比,期末测试具有广泛的应用价值,也具有较长的时间跨度。一般来说,期末测试的意义体现在以下三个方面。

第一,为下一学期的安排做准备。

第二,促进学生系统地巩固知识。

第三,对学生某一时期的学习效果进行评价。

三、终结性评价的形式

(一)信息确认

信息确认能够考查学生对文章中的词汇与短语的含义、词汇间的指代关系以及句子间的逻辑关系等是否有较好的把握。例如:

What this week has shown is that for all the success of the 787 and the mistakes of Airbus, the competitive duopoly of the past decade is still firmly in place. But will things stay that way? That depends partly on whether Airbus really has learnt its lessons and partly on who else wants to get into the game. Boeing reckons that in 20 years, 36% of the market will be in the Asia-Pacific region. For the time being, the Chinese, the Indians and others are happy to be partners and customers. But that could change.

By saying "But will things stay that way?", the author means _____.

A. Airbus might make more mistakes

B. the markets in Asia-Pacific region might shrink

C. the competitive duopoly by Boeing and Airbus might

change

D. Chinese and Indians might become the two companies' strong competitors

答案:C。

(二)正误判断

在读写一体化终结性评价中,正误判断是最为常见的一种方式,其主要评价的是学生识别具体信息与观点态度的能力、理解主旨大意的能力以及对信息进行推理判断的能力。正误判断的形式并不是唯一的,可以是对陈述进行判断,这也是最基本的;还可以是对图片进行判断。例如:

请判断所给句子是(T)否(F)符合短文内容。

Dear Carolyn,

I'd like to see you next week, but I'm very busy. I'm stressed out! I have to study for my English test on Monday night. I'm going to the dentist on Tuesday, and I have to see the doctor on Wednesday. My mother's going to have a party on Friday, and I have to help her with that. What are you going to do on Thursday? I'm not busy that day. Are you going to work that afternoon? Can we talk on the phone or listen to CDs? Call me.

Your friend,
David

(1) David can't see Carolyn on Monday.
(2) David has to see the dentist on Thursday.
(3) David is busy on Wednesday.
(4) Carolyn has to help her mother on Friday.
(5) David and Carolyn are busy on Thursday.

答案:T、F、T、F、F

(三)信息转换

为了检验学生的思路是否紧跟文章线索,可采取信息转换的

第七章　英语读写一体化教学模式之评价形式

形式,如加小标题、表格、图画、流程图、循环图、树形图、圆形分格统计图表、条形统计图等。例如:

通过阅读下列短文完成下面的表格。

At 5:13 on the morning of April 18th, 1906, the city of San Francisco was shaken by a terrible earthquake. A great part of the city was destroyed and a large number of buildings were burnt. The number of people who lost homes reached as many as 250,000. About 700 people died in the earthquake and the fires.

Another earthquake shook San Francisco on October 17th, 1989. It was America's second strongest earthquake and about 100 people were killed. It happened in the evening as people were traveling home. A wide and busy road which was built like a bridge over another road fell onto the one below. Many people were killed in their cars, but a few lucky ones were not hurt.

Luckily the 1989 earthquake did not happen in the centre of town but about 50 kilometers away. In one part of the town a great many buildings were destroyed. These buildings were over 50 years old, so they were not strong enough. There were a lot of fires all over the city. The electricity was cut off for several days too.

	Time	Date	Location	No. of people	Damage
Earthquake in 1906					
Earthquake in 1989					

(四)主旨判断

在读写一体化终结性评价中,主旨判断是应用最广泛的一种评价方式,一般情况下都是四选一的模式。虽然这种模式是相对比较过程的,但是其测试的内容、项目等多种多样,是比较灵活的。例如:

I often listen to music. I like music. I often download music from the Internet. I like singing and playing the violin, too.

  A. Hobbies   B. Music   C. Internet   D. violin

  该题目要求是根据文章内容选出合适的主题，因此可以称之为主旨大意选择题。对这一题型的解答，学生应该了解文章的主旨内容，把握文章的线索，不难选出正确答案为 A。

（五）完形填空

  完形填空这一形式对于学生并不陌生，因为学生从小学到初中再到高中的考试中都会有这一题型，但是多用于语法题上。但是实际上，这也是读写一体化终结性评价的一种评价方式。

  与大型考试中的完型填空有着不同的是，阅读完型填空评价必须要对空格的选择进行控制，也就是要控制考察的重点和范围。如果要评价的是学生对核心信息、对文章主旨大意的理解和把握，那么选择的题型就必须与主题内容相关；如果评价的是学生的逻辑思维能力，那么就必须选择与逻辑理解相关的内容。

  另外，完型填空的形式也是多样的，如选择填空、词库完形、自由填空等。例如：

  从下列词汇中选出 10 个词填入文章中的合适位置（每个词只能使用一次）。

A. rise	B. realize	C. peak
D. intimate	E. leisurely	F. routine
G. familiar	H. maximum	I. requiring
J. habitually	K. naturally	L. explanation
M. change	N. commenting	O. increase

  Do you find getting up in the morning so difficult that it's painful? This might be called laziness, but Dr. Kleitman has a new 1 . He has proved that everyone has a daily energy cycle.

  During the hours when you labor through your work, you

第七章　英语读写一体化教学模式之评价形式

may say that you're "hot". That's true. The time of day when you feel most energetic is when your cycle of body temperature is at its ___2___. For some people the peak comes during the forenoon. For others it comes in the afternoon or evening. No one has discovered why this is so, but it leads to such ___3___ monologues as: "Get up, John. You'll be late for work again." The possible explanation to the trouble is that John is at his temperature-and-energy peak in the evening. Much family quarrelling ends when husbands and wives ___4___ what these energy cycles mean, and which cycle each member of the family has.

You can't ___5___ your energy cycle, but you can learn to make your life fit it better. Habit can help, Dr. Kleitman believes. Maybe you're sleepy in the evening but feel you must stay up late anyway. Counteract your cycle to some extent by ___6___ staying up later than you want to. If your energy is low in the morning, but you have an important job to do early in the day, ___7___ before your usual hour. This won't change your cycle, but you'll get up steam and work better at your low point.

Get off to a slow start which saves your energy. Get up with a ___8___ yawn and stretch. Sit on the edge of the bed a minute before putting your feet on the floor. Avoid the troublesome search for clean clothes by laying them out the night before. Whenever possible, do ___9___ work in the afternoon and save tasks ___10___ more energy or concentration for your sharper hours.

Key:
1. L　　2. C　　3. G　　4. B　　5. M
6. J　　7. A　　8. E　　9. F　　10. I

(六)概要编辑

写概要主要是评价学生对核心信息的提取以及对文章大意

的理解能力,是一种主观性的测试。除了考查学生的阅读能力之外,还考察了学生的语言组织能力。需要指出的是,如果学生没有经过概要编辑的特殊训练,那么很多学生是不知道如何写的。因此,教师可以选择另外一种方式进行,如让学生修改概要中的错误,或者将部分信息空出,让学生对其进行补全。例如:

Beijing is an ancient and modern city. Many greatest attractions are located in Beijing. If you only have one day for sightseeing after your business matter, we can arrange many one-day tour lines for your reference. The following one is a nice choice.

In the early morning, we will start the day by watching the flag-raising on Tian'anmen Square. After breakfast we will visit the Forbidden City for 2.5 to 3 hours. After lunch in a nice restaurant, we will visit the Olympic Park. In the afternoon, we will visit the inside of Bird Nest and Water Cube. Finally in the evening, we'll enjoy the night view of Chang'an Street.

文章概要主要包括以下几项内容:

A. watch the flag-raising

B. visit the Forbidden City

C. visit the Olympic Park

D. enjoy the night view of Chang'an Street

第三节 英语形成性评价

一、形成性评价概述

形成性评价最初是由美国评价学专家斯克列汶(G. F. Scriven,1967)提出来的,布鲁姆(Bloom)则把它引进到教学,将它的应用范围加以扩展,从而成为一种教学评价的类型。布鲁姆认为,"形成性评价就是在课程编制、教学和学习的过程中使用的系

第七章　英语读写一体化教学模式之评价形式

性评价,以便对三个过程中的任何一个过程加以改进。"

对于教学过程而言,形成性评价非常重要,是一个持续性的评价。其涉及的内容也非常广泛,如评价学习行为、评价情感态度、评价学习心理、评价参与情况等。形成性评价能够对教学效果与学习情况有及时地了解,便于对教与学进行反馈。因此,形成性评价的目的是为了明确活动运行中存在的问题和改进的方向,为正在进行的教育活动提供反馈信息,以便教师及时修改或调整活动计划,最终获得更加理想的效果。

概括来说,形成性评价的作用主要体现在以下几个方面。

(1)强化学生的学习。

(2)对学生的学习起点进行确定,尤其是确定学生对内容的掌握情况,从而为下一阶段学习确立起点。

(3)对学生的学习进行改进,因为行程性评价反映出学生在学习中的问题和缺陷,因此教师可以根据这一情况对学生进行指导和纠正,从而改进学生的学习。

(4)为教师提供反馈信息,通过评价,教师可以获得教学反馈,从而更好地指导教学实践。

二、形成性评价的策略

在具体的读写一体化教学过程中,形成性评价的具体策略通常包括以下几种。

(一)专门调查法

专门调查法是形成性评价的一种有效策略,其主要目的是调查学生的学习行为、学习活动、学习兴趣等,是一种有效地收集数据的方法。需要注意的是,专门调查法一般具有针对性,其主要采取的评价工具包括访谈法与问卷法两种。

1. 问卷法

所谓问卷法,就是将语言行为调查放在书面上来进行的一种方法,是一种利用"写"来收集语言材料的方式。问卷法的使用带有一定的要求,适合于规模较大、人数较多的调查。通过采用问卷法,人们不仅可以测出人们的语言掌握与运用情况,还可以测出人们如何看待事物。

问卷法按照回答方式的不同,可以分为以下两种。

(1)封闭式回答。封闭式回答指的是被调查者在题面下方的选项中选择自己认同的选项。封闭式问题一般以可测标志为基础,从而为后续的定量分析提供一些便捷之处。

(2)开放式回答。开放式回答指的是在问题下方不直接给出答案选项,回答的内容也没有明确的规定与限制,被调查者从题面出发,将自己的见解自由陈述出来。此外,开放性问题的设置一般需要保持中立,并在特定的语境中使用语言,问卷设计者可以为调查者设置一定的语境和背景。

问卷法是调查法的有效方式之一,是信息转换的基本依据,其优点表现在以下几个方面。

(1)问卷法可以给被调查者充足的考虑时间。

(2)问卷法不受被调查者人数的限制。

(3)问卷法实施较为方便。

但是,问卷法也存在自身的缺点。

(1)样本往往很难收集出来,也往往缺乏代表性。

(2)问题如果设置得非常模糊,那么被调查者的回答也非常模糊。

(3)有些问题是纷繁复杂的,问卷很难完全表明。

2.访谈法

访谈法,指的是将调查者与被调查者放置在同一空间中进行面对面的交谈,从而获得相应的语言材料。访谈法的进行主要是利用"听"进行信息的收集,是一种直接有效的调查方式,具体可以分为以下两种形式。

(1)集体访谈。集体访谈法是在集体中展开访谈,带有效率

第七章　英语读写一体化教学模式之评价形式

高、信息收集快的特点。

（2）个体访谈。个体访谈，顾名思义，就是通过面对面的交谈获得信息，这种调查方式详细、深入并且全面。

值得注意的是，访谈法也具有一些缺点，具体体现在以下两个方面。

（1）访谈法所收集的信息都具有正式的特点，因此其与日常交际存在明显的不同。

（2）由于在访谈之前，被调查者已经了解了访谈的目的，因此在具体的朗读与回答时会很谨慎，从而影响调查的结果。

（二）学习日志

所谓学习日志，是指教师对学生日常学习过程所进行的记录，往往记录的是学生的学习行为和学习积极性。可见，学习日志与人们所熟知的日记存在很大的不同。学习日志可以自己制订，也可以由教师制订，但是记录的过程是由学生自己完成的。学习日志的项目如表7-1所示。

表7-1　学习日志项目

如何收集信息	如何处理信息	如何运用信息
阅读	分析	修改
采访	绘图	评价
上网	整理	检验
其他	筛选	展示

（资料来源：罗毅、蔡慧萍，2011）

（三）观察法

观察法是通过观察被调查人的日常言语行为从而获得所需要的语言资料。这种方式是通过"看"进行的，可以分为以下两种方式。

（1）参与观察。参与观察指的是调查者本身参与到被调查者的活动中去,在活动中对被调查者的表现情况进行搜集。

(2)隐蔽观察。隐蔽观察指的是在不显露调查者的身份下对被调查者在不同的社会环境中的语言使用情况进行的观察。

对比这两种观察方式可以看出,虽然两者的具体操作方式不同,但是都将被调查者放在了具体的语言环境中,带有较高的真实性。具体而言,观察法的优点表现在以下三个方面。

(1)调查法的操作较为简便,操作的灵活性较高。

(2)通过隐蔽观察的方式,可以了解被调查者一些不便说或者不能说的语言资料。

(3)对被调查者进行直接观察,提高了资料收集的直观性与真实性。

但是,调查法本身也存在着自身的缺点,表现在以下四个方面。

(1)调查法的观察并不能搜集到所有的语言现象和语言资料。

(2)调查法实施过程中,需要观察的事件并不是随时发生的,带有一定的随机性。

(3)通过参与观察的方式,被观察者的生活也许会受到一定的影响。

(4)观察所收集到的资料,其结果可能只是单个情况,很难被重复验证。

日常观察表的范例如表 7-2 所示。

表 7-2 学生回答问题情况表

	一听完就回答	认真思考后回答	点名后回答	怕说错不敢回答	能力低不能回答
彼得					

第七章　英语读写一体化教学模式之评价形式

续表

	一听完就回答	认真思考后回答	点名后回答	怕说错不敢回答	能力低不能回答
艾米					
贝拉					
露西					

（资料来源：罗毅、蔡慧萍，2011）

（四）同学互评

在形成性评价中，同学互评也是一个非常重要的手段，这是因为学生与学生之间非常熟悉，也便于合作与沟通，避免产生尴尬。

需要指出的是，合作与沟通在同学互评中是十分必要的因素，且由于学生不同，合作与沟通方式与态度也不同。当第一次进行同学互评时，教师可以采取一些辅助方法。因此，同学互评需要遵循一定的原则。例如，在评论他人时，不能主观臆断，应该做到有理有据。为了体现公平与真实，教师应该让多人来评价某一位同学，通过分析不同学生的评语，来决定学生的优缺点。表7-3 就是一个同学互评表。

表 7-3　同学互评表

```
              Setting Improvement Goals
Your Name: _____
Date: _____
Your Partner's Name: _____

1. Review your partner's work sample.
_____
2. What do you think your partner did well?
_____
3. What do you think your partner could make better?
_____
```

（资料来源：罗毅、蔡慧萍，2011）

(五)学生自评

在形成性评价中,学生自评是一个常见的手段,也是非常重要的手段。自评的内容有很多,如学习态度、学习过程、学习努力程度、学习方式、学习成果等。这一评价方式符合以学生为中心原则。通过自评,学生能够将自身存在的问题挖掘出来,并努力寻求解决问题的方式。同时,教师也可以了解学生的学习状态与效果。

在自评中,教师应从评价目的出发,为学生制订自评表。此外,教师还应与学生沟通、讨论,了解与掌握学生的学习过程、学习态度与学习成果。

一般来说,自我评价的方式有以下两种。

1. 自我学习监控表

自我学习监控表是对学生的学习过程进行监控的表格。在英语读写一体化教学中,自我学习监控表非常重要。具体而言,可以从如下步骤做起。

第一,在使用自我学习监控表之前,教师需要将用途、操作形式介绍给学生,便于学生能够轻松使用。

第二,在学习新单元之前,教师让学生根据自身情况,提前制订一个理想的学习目标,然后在自我学习监控表上填写好自己的预期目标。

第三,学生在学习过程中可以对自己的学习进度进行监控。

在学生进行自我监控的过程中,教师不能撒手不管,而是需要参与其中,时刻提醒学生定时检查自己的目标与任务,为下一阶段的目标与任务提供指导意见。

表 7-4 就是一个自我学习监控表。

第七章　英语读写一体化教学模式之评价形式

表 7-4　自我学习监控表

Name：_____　Date：_____　Period：_____			
(Topic title)			
Outcome	Activities completed	Possible points	Points earned
N—1			
N—2			
N—3			
N—4			
GRADE KEY 99—100 points＝A$^+$ 95—98 points＝A 93—94 points＝A$^-$ 91—92 points＝B$^+$ 87—90 points＝B 85—86 points＝B$^-$ 83—84 points＝C$^+$ 79—82 points＝C 77—78 points＝C$^-$ 76 points＝D$^+$ 72—75 points＝D 70—71 points＝D$^-$	Total points earned＝ Final unit grade＝		

（资料来源：罗毅、蔡慧萍，2011）

2. 自评表

自评表在自评中非常常见，也是有着非常高的效率，因为操作起来简单、方便。当课堂结束之后，教师可以将自评表发给学生，让他们针对本节课所学内容来进行自评。例如，表 7-5 为阅读方法运用情况自评表。

表 7-5　阅读方法运用情况自评表

Self-evaluation Sheet

Date:_____　　　　　Name:_____

Question	True	Partly true	No
I skimmed the story to first find what it is mainly about.			
I was able to select a story I am interested in.			
I then read the story carefully, interested in some of the details.			
When I failed to guess out the words, I referred to the Chinese version for reference.			

（资料来源：罗毅、蔡慧萍，2011）

三、形成性评价的形式

（一）阅读日志

阅读日志不是日常意义的阅读日记。阅读日志指的是学生阅读历程的档案记录，主要用于记录学生的阅读行为。阅读日志可以由学生自己制订，也可以由教师给出模板，但是都需要学生自己来完成阅读日志的记录。阅读日志如表 7-6 所示。

表 7-6　阅读日志记录表

阅读日志			
阅读时间	阅读材料	阅读记录	阅读后反思
第一周			
第二周			
第三周			
第四周			

（资料来源：罗少茜，2003）

第七章　英语读写一体化教学模式之评价形式

(二)成长记录袋

成长记录袋,又称为"档案袋",是记录学生学习过程与成果的一种工具,可以用于描述学生的进步,展示学生的成就,评估学生的状况。

根据档案袋中记录内容的不同可以将记录袋划分为过程型记录袋和成果型记录袋。为了充分地发挥记录袋的作用,需要让学生自主地选择自己完成的习作,并对其中的材料进行自我反思。在反思作品时,不仅要在指导中明确提出要求,还应当让学生填写成长记录袋,便于促进学生对所选材料的反思。学生的学习档案评估如表7-7所示。

表7-7　学生学习档案评估

Student：			Date：	
Criteria to be assessed	A	G(good)	O(ok)	C(come on)
平时的听力活动记录				
课堂的活动参与				
小测验的成绩				
作业成绩				
自己的评价与反思				
同伴的评价				
教师的评价				
总体评价				

(资料来源:罗毅、蔡慧萍,2011)

第八章 英语读写一体化教学模式之教师发展

"兴国必先兴教，兴教必先兴师。"教师作为教学中的主要要素之一，其素质与发展将直接影响教学质量。虽然目前各种教育培训在轰轰烈烈地开展，国家、学校、英语教师投入了大量的人力、物力、财力，但是培训效果并不明显。从整体上来看，教师的素质依然有待于提高。本章探讨英语读写一体化教学模式下的教师发展，主要从英语教师的主要任务、基本素质以及发展途径方面展开分析，以期为英语教师素质的提高与自身的发展带来一定的启示。

第一节 英语教师的主要任务

英语教师的主要任务有教书育人、科学研究以及社会服务。本节就此展开分析。

一、教书育人

教书育人是英语教师的重要任务，英语教师应积极承担教学工作，做好教学工作，努力提高教学质量。

英语教师的主要任务有传授知识、发展能力以及进行思想道德教育。三者密切相连，同时是同步实现的。所以，英语教师应注意将传授知识、发展能力与进行思想道德教育有机结合起来。

第八章　英语读写一体化教学模式之教师发展

英语教师应坚持贯彻全面发展的教育方针，具有较高的政治觉悟与学术水平以及较强的教学能力与教学责任感。英语教师应将教学过程视为学生德、智、体、美全面培养以及个性健康发展的过程，重视对学生良好个性的培养，以获得最佳教学效果。

二、科学研究

随着社会的迅速发展以及科学技术的进步，英语教学的目的不再仅仅将知识传授给学生，更重要的是培养学生独立掌握新的知识和创造性地解决问题的能力。英语教学过程更倾向于研究活动，这是当前在英语教学指导思想上从单纯传授知识到着重培养发展学生智能的转变，也是英语教学工作重心的转移。所以，英语教师的任务除了要培养学生的英语综合能力，搞好教学工作，还要重视科学研究。

英语教师通过科学研究，对本学科最新的科学成就进行探索与学习，逐渐提高自己的学术水平，掌握科学研究的规律和治学的方法，发掘新的科学思想，同时有一定的突破，这样才能将科学研究中获得的成果运用于教学实践中；充实和更新教学内容，提高教学的质量，同时对学生从事科学研究工作做出重要的指导，给学生提供科学研究的基本训练。此外，英语教师在给学生传授英语知识的同时，还应注意培养学生自主学习的能力以及解决问题的能力。

三、社会服务

英语教师应积极参加各种社会活动，主动开展社会文化宣传，向群众宣传党的方针与政策，同时从群众实践中吸取丰富的经验。英语教师还应充分利用学校科学研究成果、发展的技术和创造的知识，通过各种途径服务于社会，这些途径可以是学术报告、技术成果转让、科学咨询指导、协作攻关和培训人员等。此外,英语教师还应面向经济建设,吸取国内外最新的科学信息,并将这些信息及时地传递给学生,更好地为社会主义现代化服务。

第二节 英语教师的基本素质

教师素质的高低在很大程度上对教学质量起着决定的作用。具体而言,英语教师的基本素质主要包括良好的职业道德素质、心理素质、理论素质、语言素质、文化素质、信息素质、教学实践素质、科研素质、创新精神等。

一、职业道德素质

教师是社会主义精神文明建设的一支主力军,被称为"人类灵魂的工程师"。

教师的职业道德将直接影响下一代甚至几代人的成长。因此,作为一名合格的英语教师,必须树立科学的世界观、人生观、价值观,具有为教育事业奉献终身的崇高理想和高度负责的敬业精神。具体要做到以下几点。

(1)要忠诚于党的教育事业,具有奉献精神。英语教师要忠诚于祖国的教育事业,处理好国家、社会需要和个人抱负的关系,具有高度的责任感和敬业精神。

(2)要淡泊名利。教师这一职业要求英语教师要有踏实的作风和任劳任怨的精神,要以一颗平常心态来对待名利。

(3)要有敬业精神。作为教育者,英语教师需要树立良好的社会形象,成为建设社会主义精神文明、促进社会进步的推动力量。[1]

总之,职业本身要求英语教师具有高尚的道德品质与爱岗敬

---

[1] 刘明.高职院校教师能力建设与管理[M].合肥:中国科学技术大学出版社,2012:9.

第八章　英语读写一体化教学模式之教师发展

业的精神。

二、心理素质

英语教师应具备良好的心理素质。优秀的心理素质可以反映出一个人的意志、情感以及性格。同样,具备了良好心理素质的教师会更容易得到学生的尊敬。

要培养英语教师的心理素质,具体可从以下方面入手。

（一）性格

在性格层面,英语教师既要具备热情、活泼、外向以及幽默的性格,又要具备冷静沉着的秉性,能够从容地组织课堂教学,营造一种轻松愉快的课堂教学氛围。

（二）情感

在情感层面,英语教师应该对自己的英语教育事业有着足够的热情,且愿意为其付出尽可能多的汗水。这是由于每一位学生的肩上都承担着中华民族复兴的责任,而他们素养的高低对我国的经济、文化的发展意义重大。因此,英语教师应该具备高度的责任感,立志将学生培养成有用的复合型人才。另外,在英语教学中,教师应平等对待每一位学生,构建和谐的师生关系。

（三）意志

在意志层面,英语教师要有决心和勇气去克服困难。英语教学是一项复杂的工作,在教学过程中,可能会遇到各种问题,影响英语教学的顺利进行。所以,英语教师应注意培养自己的意志,在教学实践中寻求新的解决办法。

三、理论素养

英语教师还应具备较强的理论素养,以提高自身的专业素养。较强的理论素养要求英语教师掌握以下几个方面的知识。

(一)现代语言理论知识

英语教师要系统地掌握现代语言理论知识,既要了解语言理论的产生及其发展、语言的本质及特征、交流能力的本质,又能够巧妙地将这些理论应用到英语教学中。当然,这并不是要求每位教师都成为语言知识和应用方面的专家,而是要求教师应了解语言相关领域的最新研究成果,且能充分地运用于实践,使英语教学达到预期的目标。

(二)教育学与心理学知识

英语教师仅仅掌握语言理论知识是远远不够的,还需了解和掌握教育与心理学的知识,只有这样才可能在教学中做到以学生为中心。

(1)教育学知识。众所周知,英语教学隶属于普通教学,因此英语教师应研究教育的相关理论,掌握其一般的规律和教学原则,对教学组织的过程有所熟悉,从而提升教学的实施能力与组织能力。

(2)心理学知识。英语教学的对象是学生,教学的过程实际上是师生之间的互动过程,且学生个体存在很大差异,具有不同的心理特点,这就要求教师应了解并掌握心理学方面的知识,确保教学过程顺利实施。

(三)外语教学理论知识

英语教师还应了解并掌握外语教学理论知识。外语理论知识主要包含外语习得理论、教学法等知识,其中教学法的知识是最重要的知识。英语教学的方法有很多,如情境教学法、任务教学法、交际教学法等。这些教学方法有各自的适应环境、教学内容及教学目标。英语教师应了解并掌握各教学法的产生背景、特点、优势、不足等各方面的信息。需要提及的是,在具体的英语教

第八章　英语读写一体化教学模式之教师发展

学中,教师还要注意根据具体的教学情况对教学法做出适当的调整,从而更好地满足学生的需求,避免一味地使用某一种教学方法。

四、语言素质

英语教师还应具有良好的语言素质,这主要指扎实的英语语言专业知识与较高的语言技能。较高的语言素质是一名英语教师的基础。英语教师应该具有良好的听、说、读、写、译能力。教师只有具备较高的语言水平,才可以顺利地开展教学工作,才可以更好地掌握英语教材,然后将其运用于教学实践中,更好地完成教学任务,从而有效培养并提升学生的英语语言技能。

五、文化素质

语言与文化有着不可分割的联系。语言是文化的载体,也是文化的一个重要组成部分。学生学习英语,不仅要学习语言知识,还要学习英语国家的文化。这就要求英语教师除了掌握英语语音知识、词汇知识、语法知识,具备很好的听、说、读、写能力以外,还要具有较好的文化素质。英语教师应掌握关于英语国家的文化背景知识,包括这些国家的地理、历史、文学、风土人情、风俗习惯、人物典故等方面的知识。

当然,英语教师还应全面了解中国文化,对中西文化进行对比,逐渐培养学生的文化意识。

六、信息素质

具有较高信息素质的人能认识到完整与精确的信息;能确定对信息的需求,形成基于这些需求的问题;能确定哪些信息源是潜在的,根据这些信息源制订成功的检索方式;具有获取、组织、使用、评价信息的能力。在信息化时代，英语教师也应具备信息素质，养成信息化教学的习惯，使自己的知识朝着多样化发展。

英语教师提高教学质量的关键在于对现代技术的掌握和具备较高的信息素质，具体可以从以下几个方面入手。

（1）具备了解最新动态、及时捕捉前沿信息的能力。

（2）具备良好的信息意识，能从复杂的信息结构中捕捉到有效的信息，把握英语这门学科的动向。

（3）具备较强的信息获取、信息存储、信息加工、信息筛选、信息更新、信息创造的能力。

七、教学实践素质

教学实践素养指的是教师应具备全面的教学能力。这主要体现在三个方面：传授和培养英语知识技能的能力、外语教学的组织能力以及综合教学能力。

（一）传授和培养英语知识技能的能力

英语教师传授和培养英语知识技能的能力主要体现为：善于讲解、善于示范、善于纠正学生言语中的错误、善于引导学生练习。

1. 善于讲解

讲解可以说是英语教师最基本、最主要的一项工作能力。一名合格的、优秀的英语教师应该能够将复杂内容简单化，即能够将内容讲解得更简单易懂。基于此，教师应充分了解学生的心理及其特点、不同层次学生的英语水平，同时要认真备课，从不同内容出发来选择教学方法和讲解方法。

2. 善于示范

教师不仅要传授知识，还要传授技能。而这些技能的培训需

第八章　英语读写一体化教学模式之教师发展

要教师不断示范,然后让学生根据教师的示范来进模仿。在该阶段,教师可以将示范与讲解结合起来,用示范来配合之前的讲解,或用讲解来对突出示范中的重点,使示范更标准、规范。

3. 善于纠正学生言语中的错误

学生的英语学习并非一蹴而就的,而是一个循序渐进的过程。在学习过程中,出现一些问题和错误是不可避免的,有些错误学生可以自己纠正,这就不需要教师的参与;但有些错误则需要教师进行纠正,在纠正这些错误时,教师需要运用一定的方法和策略。在英语教学中,哪些错误是需要纠正的,哪些错误是不需要纠正的,何时纠正以及如何纠正,均是教师教学实践素养的实际体现。

4. 善于引导学生练习

语言技能的培养需要大量的语言实践,如语音练习、语法练习、口语表达练习、听力培养练习、阅读练习、写作练习等。因此,英语教师应熟悉各种练习形式的作用,并在英语课堂教学中引导学生进行一系列的练习活动,从而培养学生的语言技能。

(二)外语教学的组织能力

外语教学的组织能力指教师组织和动员学生合作进行学习的能力。这一能力要求教师能够对课堂进行有效的掌控,调动学生学习的积极性。

要有效掌控课堂,教师应做到以下几点。

(1)注意教材的内容。

(2)注意自己的语言与言语表达方式。

(3)注意自己在课堂上的情绪。

(4)注意掌控课堂纪律。

(5)注意掌握学生的注意力。

(6)注意学生理解和表达的正确性。

此外，要调动学生的积极性，使学生主动参与到教学活动中来，英语教师还应做到以下两点。

（1）发音清晰、流利。教师发音清晰、流利可以使教学内容明确、易懂。

（2）具备一定的创造性。教师的课堂教学实际上是一个创造性的过程。在这一过程中，教师的思维处于活跃的状态，能容易地将知识与技能传授给学生，使学生受到感染，积极主动地参与教师所引导的活动中。

（三）综合教学技能

综合教学技能是英语教师所需要具备的除了语言之外的教学技能，具体包括以下几个方面。

（1）能写，要求书写工整，字迹清楚。

（2）会画，要求会画简笔画，并能运用于教学中。

（3）能唱，要求能根据学习的进程，用英文歌曲的形式传授英语知识。

（4）会制作，要求能制作 PPT 等各种辅助的教学工具。

（5）善表演，要求能充分利用体态语，以丰富的表情、协调的动作表达意义或情感，做到有声有色。

八、驾驭教材的素质

教材是教学的基础，是教学内容的重要载体。英语教师要具备较高的驾驭教材的素质，这主要体现在其对教材的评价与使用能力上。

（一）对教材的评价能力

英语是一门实践性很强的学科。在学习英语的过程中，学生需要接触大量的语言材料，不仅要涉及主教材的学习，还要涉及一种甚至是几种辅助教材。教师则要承担起为学生寻找和试用

第八章　英语读写一体化教学模式之教师发展

教材的责任,为学生选择合适的教材。这就要求教师具备基本的教材评价能力,具体涉及以下方面。

1. 教学指导思想

教学指导思想对教材的编写具有指导作用。对教材评价首先需要其所体现的教学指导思想上,教师应确定教学的指导思想是否符合英语学科的最新研究成果。教学指导思想涉及三个层面:对语言的认识、对语言教学内容的认识以及对语言学习的认识。

2. 教学方法

教学方法主要解决教师要怎么教,学生要怎么学的问题。教学方法可以为教学内容的安排与选择以及教学活动的设计提供一定的参考和依据。因此,教师对教材的评价还注意其是否体现了先进的教学方法。教材编写也是在某一教学方法的指导下进行的,同时吸收了其他教学方法。

3. 教材语言素材的真实性、地道性

英语教学的主要目的在于使学生具备运用英语这门语言进行交际的能力。英语教学应向学生传授交际过程中实际运用到的语言。所以,教材中使用的语言素材应具有真实性,使学生接触生活中真实、地道的语言。

4. 内容的选择和安排

教材内容主要解决教师要教什么,学生要学什么的问题。培养学生的综合运用能力是英语教学的目标。综合能力的形成离不开基础语言知识、语言技能、语言学习策略、跨文化意识及跨文化交际能力、情感态度等的学习与培养。相应地,英语教材也应涵盖这些内容,教师对教材的评价需考虑其是否符合语言学习过程的规律。

5. 教材的组成部分

教材不仅包含教师用书、学生用书两部分，还包含练习册、录音带、录像带、光盘、挂图、卡片等。这些立体化的教材各有特色，是教材系统的重要组成部分。

6. 教材的设计

在教材的设计方面，英语教师需要考虑的内容包括教材的设计篇幅、教材的版面安排、教材的开本大小、教材的色彩搭配等。

（二）对教材的使用能力

英语教师对教材的使用能力主要涉及以下方面。

1. 扩展教学内容或活动步骤

在英语教学实践中，设计的教材不可避免地会出现难度过高或过低的情况。这就要求教师根据具体情况，适当调整教学活动的难易程度。如果教学活动难度太大，教师可增加一些提示性的信息；如果教学活动太容易，教师可在教学内容上进行适当的延伸，如在阅读理解的过程中增加词汇训练、主题辩论、写作训练等活动。

2. 补充或删减教材内容

教师在对教材使用的过程中，可以从实际的教学情况出发，对教材内容做适当删减和增补，使教材内容与增减部分更贴近学生的生活，更符合学生的实际需求。当然，对教材内容的增减，需要以确保教材的系统性与完整性为前提。

3. 调整教学顺序

教材的顺序并不适用于所有的教学实践，所以英语教师可以根据学生的知识水平、掌握程度来调整教学顺序。对教学顺序的调整应注意以下两点。

第八章　英语读写一体化教学模式之教师发展

(1) 确保教学内容与现实生活相联系。
(2) 坚持循序渐进原则，由易到难。

4. 调整教学方法

"教无定法，贵在有法。"教学活动离不开恰当的教学方法。每一种教学方法都有其优点，也存在自身的缺点，适用于不同的教学内容。教材中所提倡的教学方法并不一定对所有的教学都适用。英语教师需要具体问题具体分析，对教学方法予以调整，提高教学质量。

5. 总结教材的使用情况

教师在对教材使用一段时间后，应注意总结教材的使用情况，判断该教材是否达到了预期的效果。对教材的使用情况加以总结主要涉及以下几个方面。

(1) 教师和学生对教材是否满意。
(2) 教材的使用是否达到了教学目的。
(3) 教材在使用过程中有哪些优点、缺点。
(4) 教材的使用是否有利于提升教学效果。

九、科研素质

在当前社会形势下，英语教师除了要具备基本的语言水平和教学水平外，还需要具备较高的科研素质，较强的科研能力。英语教师首先要具备基本的研究方法，如教学实验法、问卷调查法、访谈法、文献法、个案研究法等。具体实施时，教师应结合自身情况，选择恰当的研究方法。另外，科研能力还要求英语教师具备信息加工、网络搜索、信息反馈等方面的能力。

十、创新精神

科学的创新精神也是英语教师的基本素质之一。教师作为学生的引路人，要引导学生进入科学殿堂。教师的主要职责是崇尚科学，传播、宣传科学精神，进行科学创新。所以，英语教师要具备科学的创新精神，敢于探索，勤于实践，在教学方法与行动研究不断取得新的发现与新的建树，做知识的评判接受者。当然，创新不能随意进行，而要有严谨的态度以及可靠的理论指导和详细的计划，这样的创新才更具有可操作性和实用性。

第三节　英语教师的发展途径

英语教师的发展是一个动态的过程，教师要不断地调整和修正自身的思想观念、价值取向、动机态度、专业技能等，并不断审视自我、评价自我、塑造自我，更好地应对新时代的挑战。我国英语教师发展途径多种多样，这里选取以下几种展开探讨。

一、反思性教学

美国教育家杜威（Deway）认为，反思是"对于任何信念或假设的知识，进行主动的、持久的和周密的思考"（孟丽华、武书敬，2015）。

1983 年，舍恩提出"反思性教学"这一术语，并指出反思性教学是教师从自己的教学经验中进行学习的过程。通过反思性教学，教师在对自己的教学活动加以反思，对自己的教学行为、决策以及由此形成的结果进行审视与分析，进而采取相应的对策。

教师反思是立足于自我批判与自我观察的，以发现教学中存在的不足之处，改革自身教学的不良行为。同时，通过科学地、系统地分析和研究这些问题，提高教育品质、教学质量以及自身素养。

（一）教学反思的内容

开展反思性学教学，应明确反思的内容。具体而言，教学反

第八章　英语读写一体化教学模式之教师发展

思的内容主要涉及以下方面。

1. 反思教学理念

理论是行为的先导,成熟理论指导下的教学活动有助于促进预期效果的实现。在反思性教学中,英语教师应反思自己的教学理念,用先进的理论武装自己,根据多元社会的要求转变教育理念,为自己的角色转变扫清思想上的障碍。

2. 反思教学角色

英语教师作为英语教学活动的主导者,应做好课前、课中以及课后的教学管理工作。英语教师应该突出学生的主体地位,培养学生的英语综合运用能力,同时注意培养学生养成自主学习的习惯,引导学生树立合理的目标,激发学生学习的积极性,提高学生的自主学习能力。

3. 反思教学方法

先进的教学理念如何在英语教学中体现出来,需要教师对教学方法进行反思。作为课程的设计者、课堂的管理者以及学习的评估者,教师应对教学方式进行反思,在以后的教学中进行改进。

4. 反思教学效果

由教学评估可以发现,教师的教学效果有好坏之分。如果教学效果好,教师应对教学效果进行反思,总结成功的教学经验,并与其他人共同分享;如果教学效果不好,则更需要反思,找出问题的所在,进一步改善教学。

对教学效果进行反思,英语教师需要注意以下几个方面的内容。

(1)积累丰富的经验,善于发现问题。

(2)对问题进行观察和分析,找出问题存在的根源。

(3)对自己的教学方法和教学策略进行重新审视。

(4)用实践进行检验,用实践来证明反思的效果。

(二)反思性教学的实施

反思性教学一般可根据以下步骤来实施。

1. 教学前反思

教学前反思是反思性教学的基础。英语教师应具有教学模式、教学方法等方面的知识;还要改变教学理念,努力提高教学效果;制订合理的教学计划,注意考虑一切有可能的项目。

2. 教学中反思

教学中反思就是反思教学的具体实施。教师既要展开具体的教学活动,同时要注意监控、调查自己的教学,获取反思与提高教学效果所必备的资料与相关信息。教学反思可以通过问卷调查、行动研究、案例分析等来进行。

3. 教学后反思

在教学后反思阶段,教师应根据教学中所有条件的变化对自己的教学行为加以调整,通过监控教学效果与个人反思,使教学过程更清晰。因此,在该阶段,要确保目标明确,使英语教师的教学技能真正得以提升。

4. 建构教学行为反思的连续体

英语教师与英语教学的发展都是持续进行的。反思性教学需要持续进行,并不仅仅是一两次的课堂行为。从教学前的准备到最后的补偿与提高阶段,这几个阶段紧密相连,相互促进,共同构成反思性教学系统。

二、专业引领

专业引领也是英语教师发展的一个有效途径。目前,我国的

第八章　英语读写一体化教学模式之教师发展

英语教学改革正在逐步深入,"先进的理念只有通过研究者与骨干教师等高层次人员的协助与带领,才能促进教师的发展"[①]。一般而言,作为专业引领人员可以是教育研究的专家与行家,可以是专业研究人员,也可以是资深的专家型教师。英语教师可以通过向这些专业人士学习来接触本领域中先进的教学思想、经验和技术,从而不断促进自身的发展。

（一）专业引领的基本要求

专业引领的基本要求包括如下几个方面。

1. 专业引领要具有明确的目标、正确的内容以及恰当的方法

英语教师发展的总目标是使英语教师掌握新的知识信息,提高专业素养。在个体差异的影响下,英语教师的专业发展方向与水平有所不同。因此,在进行专业引领时,应根据教师的实际情况制订科学合理的目标,选择针对性强的内容与引领的方法,充分发挥专业引领的作用,促进英语教师的发展。

2. 充分发挥专家与英语教师双方的能动性与积极性

引领人员不同,在引领过程中的侧重点也不同。科研专家引领注重教育教学理论,科研人员引领关注教育教学理论与教育教学实践的有机集合,骨干教师引领则重视教育教学活动中的具体实践操作。但是,无论哪一类引领人员,都必须具备较高的引领能力,既能在理论方面提出指导,又能参与到教师的教学活动中,还要善于分析、评价教师的具体教学实践互动,提出指导意见,并且能采取有效的方法帮助英语教师顺利开展教学活动。

而被引领的英语教师应主动配合引领工作,认真听取专业引领人员的意见,总结自己的教学活动,反思自己的教学,不断探索,实现自身综合素质的提高。

---

① 孟丽华,武书敬.网络环境下大学英语教师专业素质发展研究[M].北京:外语教学与研究出版社,2015:53.

3. 专业引领要到位而不越位

采取专业引领这一途径，需要注意专业引领人员的引领只是为英语教师提供必要的帮助与引导，并不是代做，不能越俎代庖。在英语教师的发展过程中，英语教师才是主体，其独立思考与实践活动不能被专业引领人员所取代。这就要求专业引领人员要坚持通过对英语教师进行专业引领，使他们可以独立地研究教育理论与实践，从而提升他们的理论与实践水平。

（二）专业引领的操作方法

专业引领的操作可以采取以下方法。

1. 阐释教育教学理念

教育教学理念将直接影响英语教师的教学行为。英语教师只有不断学习先进的教育教学理念，才能有利于促进自身的专业发展。为了完成这一任务，专业引领人员可以采取多形式，如教学诊断、专题研讨、座谈咨询、学术报告等。

2. 共同拟定教育教学方案

当英语教师完成对先进教育理念的学习并形成自己的教学理念后，专业引领人员与被引领人员共同交流、讨论，一起拟定出教育教学方案。在这一过程中，专业引领人员应充分发挥引领的作用，同时指导教师的教学设计，使教师设计出个性化的教学活动。通过专业引领，英语教师能顺利制订出符合教育理论要求的教学方案，同时将其运用于同具体的教学活动中。

3. 指导教育教学实践尝试

教学方案制订完成后，即可实施教学方案，也就是将教学方案运用到实际的教学活动中，对教学设计与教学方案进行验证。在验证时，专业引领人员应参与到课堂教学中，认真观察英语教

第八章　英语读写一体化教学模式之教师发展

师的教学行为,并加以记录,根据记录对教学方案与实际课堂教学做对比分析,找出差距以及其中所存在的问题。

在课堂教学结束后,英语教师与专业引领人员一起分析、探讨,然后修订教学方案,从而改进教学设计与教学行为。

4. 引导反思教育教学行为

教学时间尝试结束后,专业引领人员应组织授课英语教师对自己的教学过程进行反思与总结。授课英语教师首先要简要阐述自己的教学设计思路、教学设计的具体实施情况、课堂中的问题等,然后进行自我反思,做出总结,查找不合理的教学方案设计原因,并研究解决问题的方法。此外,其他教师参与课堂教学活动的教师也要对授课英语教师的教学进行评价,并提出建议。最后,授课英语教师总结各种意见,同时将其运用于以后的教学活动中,不断总结、反思、实践、再实践、反思,做到理论与实践的统一。

专业引领的实质是"理论、经验对实践的指导,是理论、经验与实践关系的重建"[1]。通过专家的引领,英语教师可以更好地用理论指导自己的教学实践,提升教学水平,同时将经验提升至具有理性的操作层次。

三、教学日志

教学日志是"教师对自己的教学经历予以归纳、概括、反思和评价,觉察存在的问题,明示改进的思路和措施,进而不断更新教学理论,促进自身专业的发展"[2]。

教师可以将教学日志作为自己教学案例的发展史,可以设计

---

[1] 孟丽华,武书敬.网络环境下大学英语专业素质发展研究[M].北京:外语教学与研究出版社,2015:55.
[2] 陈燕.大学英语教师专业发展新视角[M].北京:中国政法大学出版社,2014:143—144.

对教学的评价、预期的结果、未见到的事件、教学的成功之处与不满意或不足的地方。教师通过日志对自己的教学进行审视，进而改善教学方法，提高教学质量。

（一）教学日志的基本内容

在撰写教学日志之前，首先要明确应记录哪些内容，这些内容不是预先预设的，而是对经过的教学实践的回顾与总结。

教学日志一般包含以下内容。

1. 教学理论与教学方法

教学理论指的是"力求合理地设计教学情景，以期达成学校教学目的所建立的一套具有处方功能的系统理论"（陈燕，2014）。教学理论主要包括某些教学思想方法的渗透与应用过程，教育学、心理学中一些基本原理使用的感触等。

英语教师使用新的教学观念、思想与自己的教学实践结合在一起，从中发现问题。例如，研究素质教育、创新教育、主体教育、研究性学习等新的教育思想，将自己教学中的问题查找出来。

教学方法包括英语教师对自己教学方法所进行的反思，同时包括对学生学习方法所做出的指导。例如，目前流行的教学方法是否对所有课型都适用；自己在教法上有什么样的创新，促进学生掌握教学内容的教学方法有哪些等。

2. 教学内容

教学内容是教学日志的另一项重要内容。不同的英语教师备课时，对所教的课程内容的认识也不同，主要涉及教师教什么、如何教，教学计划执行情况等问题。英语教师应详细地记录课堂内容的设计，组织安排，教学中临时应变得当的措施，层次清楚、条理分明的板书，以及教学活动中的不足之处，供以后的教学参考，不断地改进、完善教学。

第八章　英语读写一体化教学模式之教师发展

（二）教学日志的意义

教学日志对于教师的发展具有重要的现实意义，具体体现为以下几点。

1. 教学日志有利于促进英语教师专业成长

教学日志可以帮助英语教师养成主动思考的习惯，通过思考，教师形成自我评价，借助自己与自己的对话对自己以及自己的教学特点有一个更清晰的认识，了解最适合自己的教学方式，促进自身成长。

写教学日志的过程实际上也是自我反思的过程。通过教学日志，英语教师可以发现教学的盲点在哪里，哪些耗费精力的无效教学需改进，哪些方面的教学技能需增强。在此基础上，英语教师对教学活动中有益的经验进行归纳，并将其系统化、理论化，对自己的教学活动进行客观的评价，从而促进自身的专业成长。

2. 教学日志有利于促进英语教师之间的交流与学习

"资源共享是各方利益最大化的有效途径，教师的知识也只有在分享中才能够得到进一步条理化和显性化。"[①]与个人日记不同，教学日志可以有广泛的读者，可以拿来和同事、专家共同分享。

教师通过经常性的、众多的信息交流，尤其是与具有同一专业背景的老师进行讨论、交流，得到启发，进而激发新的理念或思想的形成。此外，还可以探讨教学活动中存在的问题或疑问，就教学经验展开交流，避免局限发展。这种方式体现了共享、交流、协作和发展的优势，既有利于教师个人成长，也有利于提高教师整体的专业水平。

---

① 陈仕清.英语教师专业发展新路径[M].南宁:广西教育出版社,2012:66.

3. 撰写教学日志是提高英语教师教学研究水平的有效途径

撰写教学日志也是每一个基层教育工作者可以发挥的优势。英语教师们工作在教学第一线，拥有丰富的教学实践经验，为科研文论文的创作提供了直接的素材。教师作为教育研究者，应注意总结反思中的重要观念和教学策略，长期积累，有利于催生科研成果。

四、行动研究

开展行动研究也有利于促进英语教师的发展。英语教师要针对一些实际问题改变教学方法，在解决问题的过程中进行自我监控与自我评价，通过评价，修正并改进教师原先对问题的理解。

实施"计划—行动—观察—反思"的行动研究过程，旨在发展新的教学实践，或改善课程的限制。在行动研究过程中，教师有很多任务，包括研究、自我反省、实践等。

研究对象不同，开展行动研究的步骤也存在一定的差异。但是一般而言，行动研究的实施都涉及以下步骤。

（1）对研究需要调查的问题和情境进行确定。行动研究的问题范式一般为"当我……时，可能会……"。

（2）对行动研究所需要研究的问题予以解释。如果问题较大，可以先缩小问题的范围，采用特殊的资料收集方式对问题加以几种阐述。

（3）对于资料收集的背景方法予以解释。为了全面地了解问题，可用多种不同的形式来系统地收集资料。

（4）通过确证模式或发生的主题来对资料进行分析。

（5）资料分析完成后，开始实施行动策略，并在实践中灵活地运用这些策略，然后在研究的循环圈中考查这些策略的有效性，进而做出改进。需要注意的是，教师应对研究所取得成果的模糊

第八章　英语读写一体化教学模式之教师发展

性和不确定性做好心理准备。

（6）公开发表研究成果，并将研究成果呈现给同事和学生。

一般情况下，教学行动研究比较容易实施，可以帮助教师解决教学中出现的问题，提供有价值的实验过程，提高教学质量，使教师与学生享受课堂教学与学习带来的乐趣。

五、同伴观摩

理查兹和洛克哈特（Richards & Lockhart）的研究发现，教师在自愿的前提下，与他人进行合作，对彼此的课堂教学进行观摩，描述所观察的情景，然后彼此分享个人总结，并进行客观分析，有利于提高教学能力，增进相互之间的理解，加强彼此认同。

同伴观摩以英语教师的个体成长为核心，充分利用团体的优势，以期通过实践中教师之间的切磋、交流以及合作分享经验，互相学习，优势互补，最终促进英语教师的专业发展。可以说，同伴观摩是英语教师专业发展的平台。

（一）同伴观摩实施的原则

理查兹和洛克哈特认为，同伴观摩的具体实施需要遵循下面几条原则。

（1）明确观摩的重点。由于课堂教学活动是一个较为复杂的过程，涉及各个方面，观摩不可能面面俱到，所以需要明确观摩重点，做出更具有针对性的评价。

（2）使用具体步骤与工具。确定观摩重点后，需要合理选择具体的步骤与工具。其中，比较常用的工具有核对清单、录音设备、速记笔记等。

（3）观摩人员不参与课堂活动。

（二）同伴观摩实施的步骤

同伴观摩一般可以按照以下步骤进行。

(1)观摩开始之前,应就课程性质、讲授教材、教学方法、教学对象等内容进行讨论,确保教学活动取得预期效果。

(2)在第一步基础上,分析课堂活动组织、学生在课堂上的表现情况、师生互动情况等,确定观摩重点。

(3)观摩重点确定后,就要确定记录的方法,如可以在预先制订的清单上将具体的教学行为标注出来,或对具体的教学过程的分析报告。

(4)上面三个步骤完成之后,即可进入课堂,开始观摩。

(5)观摩活动结束后,双方展开讨论,并做出总结。在这一过程中,教师可以发表自己的看法,分享经验,积极反思,取长补短,共同成长,从而促进自身的发展。

六、校本督导

校本督导是由学校成员参与的自主与合作的指导过程,旨在促进教师发展,改进学校教育实践。

(一)校本督导的内容

校本督导的内容主要包括以下几个方面。

(1)英语教师专业发展。这是最基础的内容,要注重教师的教学技能稳步提升与发展。

(2)英语教师个人发展。这要求注重教师的满足与稳定,且关注教师在身体、家庭、感情等方面的提高。

(3)学校组织发展。学校组织发展重点关注教师生活质量的提高,学校发展目标的实现以其学习组织氛围的改进。

这三个方面的内容具体如表 8-1 所示。

需要注意的一点是,三者之间并非独立存在的,而是相互重叠、相互作用的。教师专业发展以教师个人发展与学校组织作为支撑点与保障。

第八章　英语读写一体化教学模式之教师发展

表 8-1　校本自主督导的内容

英语教师专业发展	英语教师个人发展	学校组织发展
专业知识	身体与心理健康	学校管理的计划与评价
实践能力	人格与气质	学校组织
教学方法	家庭生活	沟通与决策
教育哲学和教学观	兴趣与业余爱好	人际关系
教育目标和教育计划	宗教信仰	人事制度
课程与教学	素质	学校财政
指导与咨询	职业操守	学校规章制度
教师管理	人生观与道德观	学校与社区的关系
教育研究	社会活动	学校与家长的关系
教育信息与教育热点问题	……	校园环境和氛围
交叉学科		教学设备与媒介
……		……

（资料来源：孟丽华、武书敬，2015）

（二）校本督导的方式

在选择督导方式时，英语教师需要考虑自身的实际情况。下面介绍几种常用的督导方式。

1. 自我督导

自我督导是教师自己制订其专业发展规划，然后独自实施并完成该规划，最终实现自我发展。自我督导的方式有很多，如参加相关座谈会与研讨会、组织学生评价自己的教学活动、阅读专业杂志与研究报告并加以分析、借助录音或录像来分析自己的教学行为等。

2. 常规督导

常规督导是一种有效的督导方式。这一方式往往由学校主管教学的行政人员或院系主任定期组织听课，对教师的教学活动与课堂行为进行观察，从而提出意见，提供帮助。

3. 教学督导

教学督导主要是督导者对被督导的教师进行有针对性的帮扶活动，旨在提升教师的教学技能。这一方式是面对面进行的，常用的手段包括诊断性督导、对新教师进行咨询活动、微格教学技术等。其中，最常用的是诊断性督导。诊断性督导的帮助对象往往是新进教师、缺乏教课经验的教师或有教学问题的教师。

4. 同伴督导

同伴督导是在英语教师同事之间所进行的一种督导。教师与教师之间具体可通过专题讨论与研究、经验分型、互相听课等方式进行，从而提高教学质量，促进自身发展。

七、出国深造

随着信息全球化和教育国际化的发展，国与国之间的合作日益密切，出国交流政策逐渐放宽。对于英语教师而言，出国进行学术深造已不是一件难事。同时，学校的财政资助也激励教师进行学术深造，从而促进教师的长期发展。

近年来，国内各学校纷纷采取学校、院系或个人共同出资的办法送教师出国进修，英语教师参加各类培训或出席国内外学术会议的机会增多。学术深造可以帮助英语教师进一步提高自身的专业知识，使他们接触新的学科，探索新的研究专业与领域，不断拓宽研究的视野，及时更新教学理念，提高学术水平以及科研能力。

参考文献

[1]蔡慧萍.数字化平台下的体验语类式英语写作教学理论与实践[M].武汉:华中科技大学出版社,2011.

[2]陈坚林.计算机网络与外语课程的整合———一项基于大学英语教学改革的研究[M].上海:上海外语教育出版社,2010.

[3]陈仕清.英语教师专业发展新路径[M].南宁:广西教育出版社,2012.

[4]陈燕.大学英语教师专业发展新视角[M].北京:中国政法大学出版社,2014.

[5]陈永芳.英语阅读教学中的策略培养:体验与提升[M].杭州:浙江大学出版社,2013.

[6]陈则航.英语阅读教学与研究[M].北京:外语教学与研究出版社,2016.

[7]崔刚,孔宪遂.英语教学十六讲[M].北京:清华大学出版社,2009.

[8]葛炳芳.英语阅读教学的综合视野:理论与实践[M].杭州:浙江大学出版社,2015.

[9]胡春洞.英语教学法[M].北京:高等教育出版社,1990.

[10]教育部高等教育司.大学英语课程教学要求[M].上海:上海外语教育出版社,2007.

[11]凯洛夫著,陈侠等译.教育学[M].北京:人民教育出版社,1957.

[12]夸美纽斯著,傅任敢译.大教学论[M].北京:人民教育

出版社,1984.

[13]李莉文.英语写作教学与思辨能力培养[M].北京:外语教学与研究出版社,2011.

[14]李正栓,郝惠珍.中国语境下英语教师教育与发展研究[M].保定:河北大学出版社,2009.

[15]林立,王之江.人本主义活动在英语教学中的应用[M].北京:首都师范大学出版社,2005.

[16]林新事.英语课程与教学研究[M].杭州:浙江大学出版社,2008.

[17]刘明.高职院校教师能力建设与管理[M].合肥:中国科学技术大学出版社,2012.

[18]刘润清,韩宝成.语言测试和它的方法(第2版)[M].北京:外语教学与研究出版社,1991.

[19]鲁子问.英语教学论(第2版)[M].上海:华东师范大学出版社,2009.

[20]罗少茜.英语课堂教学形成性评价研究[M].北京:外语教学与研究出版社,2003.

[21]罗毅,蔡慧萍.英语课堂教学策略与研究方法[M].武汉:华中科技大学出版社,2011.

[22]孟丽华,武书敬.网络环境下大学英语教学专业素质发展研究[M].北京:外语教学与研究出版社,2015.

[23]庞维国.自主学习——学与教的原理和策略[M].上海:华东师范大学出版社,2003.

[24]沈银珍.多元文化与当代英语教学[M].杭州:浙江大学出版社,2006.

[25]宋洁,康燕.英语阅读教学法[M].北京:首都师范大学出版社,2014.

[26]王笃勤.英语阅读教学[M].北京:外语教学与研究出版

社,2012.

[27]王鹤.教育信息化背景下的大学英语自主学习探索[M].北京:经济管理出版社,2016.

[28]王秋红.英语阅读教学中的语言处理:理解与赏析[M].杭州:浙江大学出版社,2015.

[29]王甦,汪安圣.认知心理学[M].北京:北京大学出版社,2001.

[30]王坦.合作学习的理念与实施[M].北京:中国人事出版社,2002.

[31]温世颂.教育心理学[M].台北:台湾三民书局,1980.

[32]文秋芳.中国外语类大学生思辨能力现状研究[M].北京:外语教学与研究出版社,2012.

[33]武尊民.英语测试的理论与实践[M].北京:外语教学与研究出版社,2002.

[34]谢丽.大学英语教学理论与实践研究[M].北京:北京理工大学出版社,2015.

[35]徐昉.英语写作教学与研究[M].北京:外语教学与研究出版社,2012.

[36]徐锦芬.中国大学生英语自主学习能力发展规律及影响因素研究:汉、英[M].北京:外语教学与研究出版社,2014.

[37]严明.大学英语自主学习能力培养模式研究:体验的视角[M].哈尔滨:黑龙江大学出版社,2009.

[38]严育洪.新课程评价操作与案例[M].北京:首都师范大学出版社,2004.

[39]姚旭辉.英语阅读教学中的读写整合:铺垫与输出[M].杭州:浙江大学出版社,2013.

[40]叶澜等.教育理论与学校改革[M].北京:高等教育出版社,2000.

[41]余林.课堂教学评价[M].北京:人民教育出版社,2006.

[42]张庆宗,吴喜艳.应用语言学导论[M].武汉:湖北教育出版社,2013.

[43]张庆宗.外语学与教的心理学原理[M].北京:外语教学与研究出版社,2010.

[44]张鑫.英语教学的理论与实践[M].北京:知识产权出版社,2012.

[45]章兼中.外语教育学[M].杭州:浙江教育出版社,1993.

[46]章兼中.英语教学模式论[M].福州:福建教育出版社,2016.

[47]钟志贤.信息化教学模式[M].北京:北京师范大学出版社,2006.

[48]周荣辉.英语阅读策略与技巧[M].成都:西南交通大学出版社,2009.

[49]何群.阅读和写作一体化教学在高中英语教学中的实证研究[D].长沙:湖南师范大学,2012.

[50]闵婕.思维导图在高中英语阅读教学中的应用研究[D].聊城:聊城大学,2017.

[51]孙畅.阅读和写作一体化教学在高中英语教学中的实证研究[D].长春:长春师范大学,2016.

[52]王丽慧.思辨与幸福[D].济南:山东大学,2012.

[53]谢丽媛.高中英语教师读写整合教学信念与行为研究[D].重庆:重庆师范大学,2017.

[54]辛继湘.体验教学研究[D].重庆:西南师范大学,2003.

[55]赵海红."初中英语阅读写作一体化"教学模式初探[D].长春:东北师范大学,2010.

[56]包雨婷.论高中英语阅读学习中的文化渗透[J].明日风尚,2016,(22).

[57]陈永康.论中学英语阅读教学中的文化渗透[J].江苏教育研究,2007,(3).

[58]付强.大学英语读写一体化教学模式研究[J].渭南师范学院学报,2014,(4).

[59]李波.图式理论在商务语篇阅读教学中的应用——以商务英语阅读教学为例[J].教育探索,2012,(2).

[60]李颖,张伟平.语文读写整合教学问题探讨——系统论的视角[J].教育理论与实践,2013,(17).

[61]刘海,周友阶.英语阅读与写作的关系[J].文教资料,2005,(25).

[62]刘洁.思辨能力培养与英语写作创新教学模式[J].南昌师范学院学报,2014,(6).

[63]刘晓民.论大学英语教学思辨能力培养模式构建[J].外语界,2013,(5).

[64]刘紫瑄."支架教学模式"在口语教学中的运用及教学启示[J].湖北函授大学学报,2015,(5).

[65]卢晓静.基于思维能力模型理论的大学英语思辨能力培养研究[J].内蒙古财经大学学报,2016,(3).

[66]罗毅,蔡慧萍,王金.体验式教学理论在英语应用文体写作教学中的应用[J].外语教学理论与实践,2011,(1).

[67]滕星.教学评价若干理论问题探究[J].民族教育研究,1991,(2).

[68]王金,蔡慧萍,罗毅.基于网络平台的体验英语写作模式研究[J].外语电化教学,2012,(146).

[69]王娜.基于"体验英语——写作教学资源平台"的数字化写作教学初探[J].现代教育技术,2014,(4).

[70]王雯秋.基于"输出驱动假设"的大学英语读写一体化教学改革探索[J].重庆与世界,2013,(5).

[71]韦储学.合作学习及其在大学英语读写教学中的应用[J].桂林电子工业学院学报,2006,(4).

[72]文秋芳.英语成功者与不成功者在学习方法上的差异[J].外语教学与研究,1995,(3).

[73]吴厦厦,付文晓.论外语类大学生批判性思维能力多维培养模式的构建——基于四所高校的调查[J].山东农业工程学院学报,2016,(7).

[74]吴燕,张四友."读写+听说+自主学习"三维一体的英语教学模式[J].黑龙江教育学院学报,2011,(11).

[75]谢粤湘.基于"支架"理论的BEC口语教学策略研究[J].开封教育学院学报,2015,(9).

[76]杨振宇.从表达性与交际性看写作本质[J].佳木斯大学社会科学学报,2000,(2).

[77]余继英.写作思辨"一体化"教学模式构建[J].外语界,2014,(5).

[78]詹晋红.浅谈文化差异对阅读理解的影响[J].内蒙古农业大学学报,2010,(1).

[79]张坤媛.以培养大学生思辨能力为导向的讨论写作式教学模式探讨[J].中国成人教育,2014,(10).

[80]张学婷,郑红红.大学英语思辨能力培养模式研究[J].兰州教育学院学报,2016,(9).

[81]章武生.关于教学模式的探讨[J].教育研究,1998,(7).

[82]周国芬.英语阅读教学中的文化渗透[J].教育教学论坛,2016,(20).

[83]Cummins, J. Bilingual education and English immersion:The Ramirez report in the orelical perspective[J]. *Bilingual Research Journal*,1992,(16).

[84]Echevarrla, J. & Graves, A. *Sheltered Content Instruc-*

tion: Teaching English Learners with Diverse Abilities [M]. New York:Pearson,2007.

[85] Echevarrla, J. , Vogt, M. , Short, D. *Making Content Comprehensible for English Learners: The SIOP Model* (2nd ed.)[M]. Boston:Allyn & Bacon,2004.

[86] Ellis, R. Modelling learning difficulty and second language proficiency: The differential contributions of implicit and explicit knowledge[J]. *Applied Linguistics*,2006,(3).

[87] Hulstijn, J. H. A comparison between the information-processing and the analysis/control approaches to language learning[J]. *Applied Linguistics*,1990,(11).

[88] Johnson D, Johnson R, Holubece. *Circles of Learning: Cooperation in the Classroom*[M]. Alexandria, Virginia: Association for Supervision and Curriculum Development,1990.

[89] Karashen, S. D. *The Input Hypothesis: Issues and Implications*[M]. London:Longman,1982.

[90] Leslie W. Crawford. *Language and Literacy Learning in Multicultural Classrooms* [M]. Boston: Allyn and Bacon, 1993.

[91] Levelt, W. J. M. *Speaking: from Intention to Articulation*[M]. Cambridge, MA:MIT Press,1989.

[92] Littlewood, William. An autonomy and a framework[J]. *System*,1996,(4).

[93] Mackey, A. Beyond production: Learners' perceptions about interactional processes[J]. *International Journal of Educational Research*,2002,(37).

[94] Moray, N. *Attention: Selective Processes in Vision and Hearing*[M]. London:Hutchinson,1969.

[95] Newell, A. *Unified Theories of Cognition* [M]. Cambridge, MA: Harvard University Press, 1990.

[96] Nunan, David. "Designing and Adapting Materials to Encourage Learner Autonomy" [A]. *Autonomy and Independence in Language Learning* [C]. Benson, Phil and Voller, Peter. London: Longman, 1997.

[97] O'Malley, J. M., ChamoL, A. U. *Learning strategies in second language acquisition* [M]. Cambridge: Cambridge University Press, 1995.

[98] Oller J. W., Ziahosseiny S. M. The Contrastive Analysis Hypothesis and the Spelling Errors [J]. *Language Learning*, 1970, (20).

[99] Polanyi, M. *Personal Knowledge* [M]. London: Routledge, 1958.

[100] Posner, M. I. Attention in cognitive neuroscience: An overview [A]. *The Cognitive Neurosciences* [C]. M. Gazzaniga. Cambridge, MA: MIT Press, 1994.

[101] Schmidt, R. The role of consciousness in second language learning [J]. *Applied Linguistics*, 1990, (11).

[102] Schmidt, R. & S. Frota. Developing basic conversational ability in a second language: A case study of an adult learner [A]. *Talking to Learn* [C]. R. Day. Rowley, Mass: Newbury House, 1986.

[103] Skehan, P. A. *A Cognitive Approach to Language Learning* [M]. Shanghai: Shanghai Foreign Language Education Press, 1998.

[104] Skinner, B. F. *Verbal Behavior* [M]. Acton, MA: Copley Publishing Group, 1957.

参考文献

[105] Slavin, R. E. Cooperative learning[J]. *Review of Educational Research*, 1980, (50).

[106] Swain, M. & S. Lapkin. Problems in output and the cognitive processes they generate: A step towards second language learning[J]. *Applied Linguistics*, 1995, (16).

[107] VanPatten, B. Attending to form and content in the input[J]. *SSLA*, 1990, (12).

[108] Wardhaugh R. The Contrastive Analysis Hypothesis [J]. *TESOL Quarterly*, 1970, (4).